O LUGAR DA ASSEMBLÉIA DOS CIDADÃOS DE ATENAS

JONAS TADEU SILVA MALACO

O LUGAR DA ASSEMBLÉIA DOS CIDADÃOS DE ATENAS

Alice Foz

Alice Foz
Rua Voluntários da Pátria, 31/501
22270-000 Rio de Janeiro / Rio de Janeiro BR
Travessa da Vitória, 15/ 2
4900-567 Viana do Castelo PT
alicefoz@gmail.com

© Jonas Tadeu Silva Malaco
© Maria Alice da Gama e Silva Foz 2003

ISBN 978-85-902741-2-4

REIMPRESSÃO (2020)

Índice

Introdução: o centro político da cidade

Temos já em um casario ou em um simples ajuntamento de casas uma espécie de corporeidade social por meio da associação da materialidade das casas. Temos já como que uma cidade, mas dada simplesmente como uma reunião de domínios privados e de suas materialidades inertes. Pela contigüidade de suas casas, aproximam-se as pessoas, a si mesmas e a seus bens, mas sem que, simplesmente por essa aproximação, estejam estabelecidas quaisquer relações mais imediatas e diretas entre elas. Um casario é região do privado, da vida privada e dos bens privados também. E ainda que nele se veja um fato que vai além da mera somatória das vidas e bens particulares, tal fato diz respeito, antes de tudo, à aproximação da materialidade dos domínios particulares, sem que meramente se deixando estar na interioridade de suas casas, as pessoas — sensivelmente, corporal-mente — se relacionem. Lá, elas antes se isolam do que se reúnem.[1]

O isolamento próprio do casario mantém-se mesmo quando alguma relação nele se dê. Quando alguém deixa a privacidade de seu espaço familiar e vai à procura dos outros, se só o faz no interior da área limitada do casario, pode, sim, encontrá-los — em suas próprias casas ou nas ruas —, mas se os encontra, são só alguns poucos deles, pois, quer as casas quer as ruas não comportam em seus espaços senão um número limitado de pessoas. No interior de um casario, mesmo quando se rompe o isolamento da casa, persiste sempre a limitação para os encontros, pois os grupos que nele podem reunir-se, pela sua própria caracterização, pela

---

[1] Sobre o casario como domínio do privado e o de Atenas em particular: MALACO, Jonas T. S., Cidade: ensaio de aproximação conceitual, *Caramelo 7 (Revista do Grêmio da Faculdade de Arquitetura e Urbanismo da Universidade de São Paulo)*, 1993, p. 100-23; idem, *Da forma urbana: o casario de Atenas*, São Paulo, Alice Foz, 2002.

limitação dos espaços disponíveis, reúnem-se necessariamente como agrupamentos parciais e isolados. Assim também era em Atenas no Período Clássico: não havia como reunir a muitos nos limites da própria área de seu casario.

Em contraposição a isso encontramos os espaços públicos onde se dá a condição para a reunião de muitos; espaços opostos, pois, ao isolamento das casas e à segmentação das ruas. Aos espaços de cada qual e àqueles de seus encontros restritos, acrescentam-se os espaços da reunião de muitos. Em Atenas Clássica destacavam-se algumas áreas como tais: a Ágora, a Acrópole em seu platô superior e parte de suas faces, a Pnyx numa posição elevada a sudoeste da cidade, o Areópago, também elevado, ao sul da Ágora.[2]

É na Pnyx que podemos dizer encontrar-se o primeiro dos espaços públicos, pois era nela que se reunia a assembléia, ou seja, o conjunto dos cidadãos. Vez por outra a assembléia reunia-se em outros lugares, mas só em situações excepcionais e não regularmente. Antes da construção do recinto da Pnyx, a área ocupada pela Ágora Clássica deve ter servido para abrigá-la; antes ainda, uma outra ágora, a chamada "Ágora de Theseu", a noroeste da Acrópole ou talvez a nordeste, como hoje se conjectura, pode ter sido o local com essa finalidade. No Período Clássico, no entanto, era a Pnyx o lugar da assembléia.

Os cidadãos quando lá reunidos tinham prerrogativas que envolviam a totalidade dos aspectos pertinentes ao governo da cidade. A administração pública não se reduzia ao exercício dos poderes da assembléia reunida na Pnyx, havendo uma complexa estrutura administrativa a seu lado; mas era ela a detentora da soberania e a exercia de fato. Detinha, já de princípio, o poder legislativo. Cabia-lhe também a organização das finanças da cidade. Procedia

---

[2] Para a localização do conjunto das diferentes áreas e edifícios públicos em Atenas: THOMPSON, Homer A., WYCHERLEY, R. E., *The agora of Athens: the history, shape and uses of an ancient city center (The Athenian Agora/Vol. XIV)*, Princeton/New Jersey, The American School of Classical Studies at Athens, 1972; TRAVLOS, J., *Athènes au fil du temps*, Paris, Editions Joel Cuenot, 1972; idem, *Pictorial dictionary of ancient Athens*, New York, Hacker Art Books, 1980; WYCHERLEY, R. E., *The stones of Athens*, Princeton/ New Jersey, Princeton University Press, 1978.

à designação dos principais magistrados que a ela prestavam contas de sua gestão, sendo que freqüentemente eram por ela processados. Era ainda da assembléia a autoridade soberana em matéria de justiça. Mesmo que esse poder na maior parte das vezes estivesse delegado a tribunais menores, ela intervinha nos casos que pudessem conduzir a condenações graves, principalmente pelo que se considerasse atentado à segurança da cidade. Seu papel era também central em matéria de política externa. Decidia a paz e a guerra, concluía as alianças e ratificava os tratados. Para cuidar de tão vastas atribuições reunia-se com freqüência, pelo menos quatro vezes em cada um dos 10 meses em que se dividia o ano. Nas reuniões era efetiva a presença dos cidadãos, ainda que variando conforme as circunstâncias.[3]

Sendo dada como soberana e exercendo a soberania de fato, a assembléia ao reunir-se na Pnyx atribuía ao lugar o papel de centro político da cidade. Lá se reunia um corpo político soberano e atuante. Os demais órgãos e instâncias de poder em Atenas durante o século V a.C., ainda que mantendo suas prerrogativas próprias, existiam sob o poder hegemônico na Pnyx sediado. Os políticos faziam sua notoriedade ou encontravam sua desgraça pela sua capacidade de conduzir o *demos* lá reunido. Conforme as decisões lá tomadas, a cidade alcançou suas vitórias ou padeceu suas derrotas. Quando se buscou por uma alternativa à forma de governo imperante houve que se procurar por um outro lugar para a decisão a respeito.

---

[3] Para uma apreciação inicial do funcionamento da assembléia, sua composição, suas prerrogativas e suas relações com as outras instituições políticas em Atenas, como fontes antigas: ARISTÓTELES, *Constituição de Atenas*; idem, *Política*; como obras modernas clássicas: GLOTZ, G., *The greek city and its institutions*, London, Routledge and Kegan Paul, 1950; HIGNET, C., *A History of the Athenian Constitution*, Oxford, Clarendon Press, 1952. Para uma sinopse da história institucional de Atenas em particular no século V a.C.: OSTWALD, Martin, *From popular sovereignty to the sovereignty of the law: law, society, and politics in fifth-century Athens*, Berkeley/Los Angeles/London, University of California Press, 1986, p. 3-174.

1. Totalização do corpo social em um lugar especializado onde tudo se via

O recinto da assembléia na Pnyx surge assentado na declividade voltada para a cidade da colina de mesmo nome, a sudoeste de Atenas. A superfície natural foi aplanada e nela fez-se um simples recorte semicircular com um raio de 50m. A altura desse recorte na sua parte mais elevada era bastante modesta, cerca de 1,5m ao centro, zerando-se nas suas extremidades. O semicírculo por ele definido fechava-se em sua parte inferior por um muro de contenção que servia para a criação de uma plataforma onde se erguia a *bema*, local onde se postavam os oradores. O recinto não era coberto. A área que servia como cávea, conforme se estima pelas condições do solo, ultrapassava o recorte superior, sem que se possa saber ao certo até onde se estendia.[4]

---

[4] Para uma apreciação dos estudos disponíveis sobre a Pnyx no Período Clássico (por data de publicação): KOUROUNIOTIS, K., THOMPSON, Homer A., The Pnyx in Athens, *Hesperia 1*, 1932, p. 90-217; DINSMOOR, W. B., Review of Hesperia I, *American Journal of Archaeology 37*, 1933, p. 180-2; KOUROUNIOTIS, K., THOMPSON, Homer A., Reply to Dinsmoor, *American Journal of Archaeology 37*, 1933, p. 652-6; THOMPSON, Homer A., Pnyx and Thesmophorion, *Hesperia 5*, 1936, p. 151-200; THOMPSON, Homer A., SCRANTON, R. L., Stoas and city walls on the Pnyx, *Hesperia 12*, 1943, p. 269-383; THOMPSON, Homer A., WYCHERLEY, R. E., op. cit., 1972, p. 48-52; TRAVLOS, J., *Pictorial dictionary of ancient Athens*, op. cit., 1980, p. 466-75; THOMPSON, Homer A., The Pnyx in models, in: *Studies in attic epigraphy, history and topography presented to Eugene Vanderpool (Hesperia Suppl. 19)*, Princeton, 1982, p. 133-47; HANSEN, Mogens Herman, *The athenian ecclesia: a collection of articles 1976-83*, Copenhagen, Museum Tusculanum, 1983; idem, *The athenian ecclesia II: a collection of articles 1983-89*, Copenhagen, Museum Tusculanum, 1989; FORSÉN, Björne, STANTON, Greg (ed.), *The Pnyx in the history of Athens: proceedings of an international colloquium organised by the Finnish Institute at Athens, 7-9 October, 1994 (Papers and monographs of the Finnish Institute at Athens, vol. II)*, Helsinki, 1996. Forsén e Stanton (op. cit., p. ii) fazem referência a conversas paralelas ao colóquio do Instituto Finlandês de Atenas em 1994 onde a existência do que Kourouniotis e Thompson acreditam ter sido o primeiro recinto da assembléia na Pnyx teria sido discutida, sem que, no entanto, nada viesse a ser colocado

O aparecimento desse anfiteatro a céu aberto representa uma especialização espacial. O recinto abrigava a assembléia e nada mais. Anteriormente, quando as assembléias devem ter-se dado na Ágora ou aos pés da Acrópole, lá estavam alojadas também outras funções que não aquela única da reunião do conjunto dos cidadãos. Com a Pnyx, a assembléia passa a ser sediada em um local exclusivo, distinto de todos os outros[5]. Tal exclusividade e especialização talvez possa ser entendida como resultante do fato da assembléia ter adquirido significação mais bem definida, diferenciando-se melhor, mesmo destacando-se, sobrepondo-se às demais instâncias decisórias. Nesse sentido, talvez pudéssemos relacionar o seu aparecimento às reformas de Clístenes, tradicionalmente considerado como o responsável pelo estabelecimento da democracia em Atenas, ou ainda a Efíaltes que lhe dá uma feição mais "radical"[6]. Mas poder-se-ia supor também que a construção não teria nenhuma significação

---

diretamente por nenhum dos expositores nas sessões do encontro. Atribuir a existência do recorte semicircular na colina que Kourouniotis e Thompson entendem ser do primeiro recinto, à retirada de blocos para as construções posteriores parece desprezar a sua clara determinação formal, adequada aos traços básicos da reconstrução dos dois autores e dificilmente explicável como forma residual de qualquer trabalho de mera remoção de blocos; e, como pensa Stanton, três muros de contenção como mostram as ruínas requerem três construções, as duas discutidas neste texto e uma terceira do século IV (ibidem, p. 8, nota 8). Ver também nota 37 a seguir. Sobre a utilização do aclive da colina para além dos limites definidos pelo recorte superior, em especial: HANSEN, Mogens Herman, The construction of the Pnyx II and the introduction of assembly pay, in: *The athenian ecclesia II*, op. cit., p. 145, nota 3; idem, The organization of the athenian assembly: a reply, ibidem, p. 157, nota 10; THOMPSON, Homer A., The Pnyx in models, op. cit., p. 135.

[5] Sobre outros locais para a realização das assembléias, anteriores ou alternativos à Pnyx: HANSEN, Mogens Herman, How many Athenians attended the Ecclesia?, in: *The athenian ecclesia*, op. cit., p. 3-7. Sobre as relações da Pnyx com a Ágora: THOMPSON, Homer A., WYCHERLEY, R. E., op. cit., p. 19-24, 48-52. Sobre uma ágora anterior à clássica: SHEAR JR., T. Leslie, Ἰσονόμους τ᾽ Ἀτήνας ἐποιησάτην: The Agora and the democracy, in: COULSON, W. D. E. et alli, *The archaeology of Athens and Attica under the democracy*, Oxford, Oxbow Books, 1994, p. 225-48, esp. p. 237-45.

[6] Sobre a datação da construção do recinto da Pnyx contemporaneamente a Clístenes ou Efíaltes: HANSEN, Mogens Herman, How many Athenians attended the Ecclesia, op. cit., p. 16 e adendo; idem, The athenian ecclesia and the assembly-place on the Pnyx, in: *The athenian ecclesia*, op. cit., p. 25-34, esp. p. 25-6; KOUROUNIOTES, K.,

política mais direta, representando tão-somente a procura de um local que melhor servisse a uma função que, enquanto tal, permaneceria a mesma[7].

Fato é que no Período Clássico as assembléias realizavam-se na Pnyx[8]. O recinto era um local de uso especializado. Tinha a forma de um anfiteatro a céu aberto, assentado conforme as condições topográficas dadas, localizando-se em uma posição elevada, perifericamente, a sudoeste da cidade.

Um sujeito coletivo composto por indivíduos bem determinados

A sociedade é a forma necessária de nossa existência enquanto animais gregários, animais que não podem viver senão se reunindo, sendo nossas necessidades mais imediatas e prementes que assim nos determinam[9]. No entanto, as necessidades que fundam as sociedades

---

THOMPSON, Homer A., The Pnyx in Athens, op. cit., p. 107, 109, 216; MOYSEY, Robert A., The Thirty and the Pnyx, *American Journal of Archaeology 85*, 1981, p. 35, nota 27; STANTON, G. R., BICKNELL, P. G., Voting in tribal groups in the athenian assembly, *Greek, Roman and Byzantines Studies 28*, 1987, p. 73-6, notas 77-89; THOMPSON, Homer A., The Pnyx in models, op. cit., p. 136 e seg.

[7] *"In the Agora itself there was no lack of space. (...) Perhaps a quieter and more secluded position was thought preferable; but probably the chief motive was (...) to provide a more steeply sloping site for the auditorium, on which the populace could be accommodated without the use of treacherous ikria [uma espécie de arquibancada]. Even so it was not wholly necessary to move so far from the Agora or so high up the hillside."* (THOMPSON, Homer A., WYCHERLEY, R. E., op. cit., p. 48-9)

[8] Mogens Herman Hansen sublinha este ponto: How many Athenians attended the Ecclesia?, op. cit., p. 3-7; ver também nota 4.

[9] *"— Ora (...) uma cidade tem a sua origem, segundo creio, no fato de cada um de nós não ser auto-suficiente, mas sim necessitado de muita coisa. (...) Assim (...) um homem toma junto a si outro para uma necessidade, e outro ainda para outra, e, como precisam de muita coisa, reúnem em um só habitar muitos homens que se associam para ajudarem-se mutuamente. A essa associação pusemos o nome de cidade"* (PLATÃO, *A República* 369b) *"... a cidade é uma criação natural, (...) o homem é por natureza um animal social, e um homem que por natureza, e não por mero acidente, não fizesse parte de cidade alguma, seria desprezível ou estaria acima da humanidade..."* (ARISTÓTELES, *Política* 1253a, tradução de Mário da Gama Cury, Brasília, Editora da Universidade de Brasília, 1985, p. 15).

não implicam que a associação humana precise se dar por meio da reunião física imediata de todos que a constituem. Indivíduos com linguagem, crenças e costumes comuns, tendo suas necessidades satisfeitas por laços freqüentes, regulares e obrigatórios, podem ser considerados como membros de uma sociedade sem que, para serem assim entendidos, tenham de se fazer fisicamente presentes uns aos outros, nem sequer uma única vez assim se reunindo. Os indivíduos precisam relacionar-se, mas não é necessário que todos se façam presentes em um mesmo local. Precisam desenvolver atividades inter-relacionadas, mas não é preciso haver uma única ocasião em que todos em conjunto se reúnam. A socialização imediata dos indivíduos pode mostrar-se só em agrupamentos parciais, mais ou menos restritos, mais ou menos seriados.

Quando é assim, a sociedade como o conjunto de todos os seus membros acaba por existir só como um dado da representação dos indivíduos. Todos sabem que fazem parte de uma mesma comunidade, mas meramente por uma idéia; não na forma de uma co-presença sensível e imediata. Compartilham de uma mesma linguagem, de um mesmo passado e uma mesma história, de um mesmo conjunto de crenças religiosas. Mantêm relações freqüentes e regulares uns com os outros. Podem dispor de complexas instituições e alojá-las em edifícios que sirvam também como símbolo de suas glórias ou riquezas. Contudo, a sociedade, o conjunto todo dos nela associados, pode nunca se dar a eles na forma de algo efetivamente presente e sensível. Sabem da sociedade pela lembrança e a associação na imaginação de relações antes vividas; sabem dela também pela projeção de relações futuras conforme um conjunto de regras de vida e modos de pensar que as fazem necessárias e previsíveis. Sabem com certeza que participam de uma comunidade, podem confiar nisso, fazer uso disso; mas sem que nunca a vejam propriamente, sem que a eles ela se dê na imediatez de uma imagem de conjunto. Sabem da sociedade, porém só na forma da idéia que fazem dela. A sociedade da qual participam é um dado da consciência deles, nunca de seus olhos ou demais sentidos.[10]

---

[10] MALACO, Jonas T. S., *Cidade: ensaio de aproximação conceitual,* op. cit.

Mas não era assim que acontecia na Pnyx. Lá se reunia a totalidade dos cidadãos de Atenas, ou seja, o conjunto dos indivíduos politicamente ativos. Estavam excluídas as mulheres, as crianças, os estrangeiros e os escravos. Mas todos os homens adultos, aqueles dotados do direito de cidadania, lá se faziam física e sensivelmente presentes para a discussão e decisão das questões pertinentes à sua vida na cidade. Se não era a própria sociedade que lá se apresentava como corpo coletivo, ao menos a parcela atuante do corpo social era lá totalizada na forma da presença física imediata de todos os seus membros.[11]

E o recinto da Pnyx, sendo como era, constituía-se em um espaço que comportava a assembléia de modo tal que, não só dava possibilidade à presença física de todos, como também possibilitava a cada um dos presentes o conhecimento de todos os demais. A presença física e imediata de todos não era lá só um fato objetivo, mas também um dado da consciência individual em todos e cada um dos presentes. A cada qual era possível totalizar diante de si o conjunto de todos os outros.

Disso cuidava uma particular disposição arquitetural. O posicionamento das entradas do recinto, pelos lados da *bema*, à frente da cávea, cuidava de dar ao ingressante uma visão completa de quem antes dele lá estivesse e cuidava de dar também a quem já se houvesse acomodado uma boa visão de todos que chegassem depois. A assembléia, na verdade, constituía-se gradualmente. A cávea povoava-se pouco a pouco. Primeiro chegava um, depois outro e mais outro. O primeiro a chegar ninguém mais podia ver e por lá ficava em sua solidão. O segundo que se fizesse presente já não se via só; podia ver o primeiro que antes dele chegara e que, por sua vez, vendo este que agora chegava, deixava também de estar só. Com os demais aconteceria o mesmo: dar-se-iam à presença de todos que antes tivessem chegado, assim como estes se dariam à sua. Podiam, ao chegar, observar todos os que haviam chegado antes e, postando-se na cávea à espera do início da assembléia, lá ficavam em condição de observar todos aqueles que chegassem depois.

---

[11] Ver nota 3.

As disposições do recinto encarregavam-se, pois, de fazer com que a todos fosse possível visualizar a cada um de todos os demais. Assim, totalizava-se sensivelmente o corpo social perante cada um de todos os presentes. Cada um tinha condição de ver a cada um de todos os demais, o conjunto de todos os outros.

Marginalidade geográfica e centralidade política

Reunindo politicamente o conjunto dos cidadãos como corpo político soberano e podendo ser dada por isso como sendo politicamente central, a Pnyx não se encontrava, entretanto, em uma posição geográfica também dotada de centralidade. Sendo periférica sua localização, a sudoeste da cidade, não havia correspondência entre sua centralidade política e o centro geográfico da cidade. O que não significa que não houvesse uma outra espécie de centralidade em sua localização, pois a sua própria situação de lateralidade, combinada com a altitude em que se encontrava e o sentido da declividade do solo onde se assentava faziam dela um local privilegiado.

Era um anfiteatro a céu aberto com a inclinação de sua cávea aproveitando a declividade do terreno. Estando em localização periférica, sua concavidade abria-se exatamente no sentido da visibilidade da cidade, dispondo as pessoas de modo a colocá-las de frente para ela. Para ver-se a cidade a partir da Pnyx não era preciso fazer girar o direcionamento do olhar, tal como acontece quando nos situamos no centro de uma região qualquer. Estando em localização lateral e voltando-se para a cidade, esta não se encontrava ao redor da Pnyx; estava diante dela. Assim sendo, os cidadãos quando lá reunidos tinham seus olhares não em outra coisa senão na própria cidade. Aquilo mesmo sobre o que decidiam, a cidade que tomavam sob seus cuidados, estava lá como um objeto à frente de seus olhos. Podiam deliberar a favor dela ou não, equivocar-se, desertar da causa comum ou de seu amor pelos demais; mas como quer que a tratassem, quanto quer que a amassem ou tenham deixado de fazê-lo, pelas disposições materiais do recinto onde se reuniam, quando reunidos, nunca poderiam deixar de tê-la como presença sensível sempre dada. Para não a ver teriam de fechar os olhos. Esquecê-la seria certamente impossível.[12]

Não se discutia, pois, sobre algo que estivesse reduzido a uma imagem presente só na memória ou na fala, figurada sobre o papel ou exposta através da escrita. A cidade presente à assembléia não era meramente algo de que se pudesse lembrar ou não, ou de que se pudesse falar ou não: estava imediatamente presente, sensivelmente presente. E, na verdade, não só à visão, pois as distâncias que separavam a Pnyx dos outros locais ou regiões da cidade faziam com que de lá se pudesse também ouvir, não sons individualizados, mas ao menos, os ruídos e a sonoridade própria a todos os acontecimentos que envolvessem um bom número de pessoas.

Da Pnyx bem se avistava a cidade, quase toda ela, e sendo como eram as distâncias em relação aos outros locais públicos e aos limites da cidade, ao se apreciar o conjunto, bem se podia apreciar também cada um de seus elementos constituintes. A quem se postasse em sua cávea, a Acrópole dava-se à visão pela direita,

---

[12] A cidade que viam os cidadãos reunidos na Pnyx era só uma parcela do território da Polis de Atenas; parcela, no entanto, central. Os cidadãos presentes na assembléia eram aqueles de todo o território, sendo que os que habitavam o centro urbano representariam, ao que se estima, pouco mais da metade do total. Não se tinha sob o olhar da assembléia o conjunto todo, a cidade e também seu território. No entanto, o centro urbano reunia as funções políticas todas e também as religiosas, com exceção das atividades na escala menor do demos e em parte das fratrias, e mesmo demes e fratrias atuando em alguma medida também por meio de sua presença urbana; os demes através das assembléias das filés de que eram unidades menores e as fratrias através de suas assembléias e cultos particulares, divididos entre suas sedes locais e aquelas situadas na cidade. A divisão da população estabelecida por Clístenes, em geral entende-se, tinha mesmo por objetivo evitar que solidariedades locais e segmentações do território ocorressem, não correspondendo a nenhuma unidade territorial as 10 filés em que se dividiu a população com suas reformas, estando suas subdivisões em trítias e demes distribuídas sem continuidade por todo o território. Assim, era só no centro urbano que a unidade da população fazia-se presente e, por seu meio, a do território. Ver também notas 3, 28 e 29. Para os diferentes empregos das palavras "polis" e "asty" designando ou o conjunto dos cidadãos ou, o território todo da cidade ou ainda, exclusivamente, o centro urbano: HANSEN, Mogens Herman, *Polis and City-State: an ancient concept and its modern equivalent*, Copenhagen, The Royal Danish Academy of Sciences and Letters, 1998.

logo ali numa escala urbana, a cerca de 500m; distância que possibilitava o reconhecimento dos amigos, não por seus traços faciais, é verdade, mas por sua estatura, compleição física, maneiras ou trajes. A tal distância, sendo os ventos favoráveis, era mesmo possível ouvir os sons pertinentes a agrupamentos que se encontrassem diante do Propileu. Um pouco mais próxima, a colina onde se reunia o Conselho do Areópago, o mais tradicional tribunal da cidade, também se deixava ver. A Ágora encontrava-se bem à frente da concavidade do auditório da Pnyx, não mais do que a cerca de 400m de distância. Estando a Ágora entre 50 e 60m acima do nível do mar, a Pnyx, à uma altitude que ia de cerca de 90 a 100m, elevava-se à sobranceira sobre ela. O casario, em sua maior parte, distribuía-se também à frente da assembléia, nunca chegando a distanciar-se dela mais do que 1100m. Dentro dessa distância bem se podia reconhecer cada uma das casas ou por seus telhados ou por alguma de suas paredes, estas ou aquelas característi-cas que lhes fossem próprias, ou já mesmo por sua localização. O reconhecimento de pessoas tornava-se mais difícil à medida que a distância aumentava, mas ainda que se encontrassem bem próximas das muralhas, elas poderiam fazer-se notar pelo colorido de suas roupas, por gestos mais enfáticos ou pelo recurso à agitação de uma flâmula. Para além do casario e do muro defensivo, estendiam-se os campos agriculturáveis da Ática, em parte igualmente dados à contemplação a partir da Pnyx.[13]

---

[13] *"The assembly place on the Pnyx has few if any parallels for the role it played as the operational base of the sovereign element in the government of the city state in the heyday of classical Athens. The choice of the Pnyx as a meeting place represented a clear break with practice in the time when Athens was ruled by kings or tyrants. In those days, when assemblies of the people were held, they took place on the west slope of the Acropolis or at its north foot. After moving to the Pnyx the assembled citizens could look across at the Acropolis with a sense of independence. In the same way they could look down on the Agora: the seat of the Boule and the Dikasteria, as well as the business centre of the city. Likewise the Pnyx commanded a fine view of much of the best farmland of Attika and of the mountains that yielded its much prized marble. Equally visible from the assembly place were some of the glories of Periclean architecture made of that marble"* (THOMPSON, Homer A., To students and friends of the Pnyx assembled in the Acropolis Center and on the site of the Pnyx / October 1994,

Era, pois, com bastante completude que a cidade dava-se à visão dos cidadãos alojados no auditório da Pnyx. Dando-se próxima à completude, mostrava-se também de modo tal que cada um e todos os seus elementos constituintes bem podiam ser apreciados. As casas, cada uma delas, ainda que não mostrando seus interiores, davam-se ao olhar em plena condição de boa apreciação e distinção. O conjunto delas formando o casario também se deixava bem apreender[14]. O mesmo acontecia com os espaços públicos e seus edifícios. Tudo se dava à visão dos cidadãos no teatro da Pnyx como um conjunto de elementos bem discerníveis, compondo um todo também bem apreensível, pois, assim como cada um de seus elementos, o conjunto era claramente delimitado, tendo dimensões tais que faziam dele algo facilmente abarcável pelo olhar.[15]

---

in: FORSÉN, Björne, STANTON, Greg, op. cit., p. v-vi). Entre os lugares públicos mais significativos, só a face sul da Acrópole não se dava ao olhar a partir da Pnyx. Lá o teatro de Dionísio abrigava uma vez ao ano, por ocasião da Grande Dionisia, a própria assembléia que então não se reunia em seu lugar habitual. Alterava-se a disposição normal das atividades, mostrando-se talvez que a religião representava uma esfera de vida a impor-se com sua própria força. A assembléia continuava a ser soberana, certamente, mas sua soberania então não se exercia a partir do lugar que era o seu; talvez para resguardá-lo em sua especialização, talvez para respeitar as disposições religiosas dadas. Para as referências: HANSEN, Mogens Herman, How many athenians attended the ecclesia?, op. cit., p. 3-4. Também se encontrava lá o Odeon de Péricles. Sobre as distâncias para o conhecimento de objetos e pessoas: RAPOPORT, Amos, *Human aspects of urban form: towards a man-environment approach to urban form and design*, Oxford, Pergamon Press, 1977, p. 178 e seg.

[14] Sobre as casas e ruas do casario de Atenas, sua natureza e apreensibilidade: MALACO, Jonas Tadeu Silva, *Da forma urbana: o casario de Atenas*, op. cit.

[15] Aristóteles talvez pensasse em Atenas quando define o tamanho ideal de uma cidade em termos de se poder abrangê-la com o olhar (*Política* 1326b). Tal como era Atenas para os cidadãos no teatro da Pnyx, a ela também se aplica seu critério de beleza: "... *o belo — ser vivente ou o que quer que se componha de partes — não só deve ter essas partes ordenadas, mas também uma grandeza que não seja qualquer. Porque o belo consiste na grandeza e na ordem, e portanto, um organismo vivente pequeníssimo não poderia ser belo (pois a visão é confusa quando se olha por tempo quase imperceptível); e também não seria belo, grandíssimo (porque faltaria a visão do conjunto, escapando à vista dos espectadores a unidade e a totalidade...) ...*" (ARISTÓTELES, *Poética* 1450b, trad. de Eudoro de Sousa. Lisboa, Imprensa Nacional/Casa da Moeda/F.C.S.H. da Universidade Nova de Lisboa, 1986, p. 113-4)

Por outro lado, se da Pnyx bem se podia ver e mesmo ouvir a cidade, da cidade podia-se também ver e ouvir o que nela acontecia. Estando lá reunida a assembléia, isto podia ser visto. Se muitos ou poucos dela participavam, isto era sabido. Os cidadãos exultando ao decidirem lançar-se a uma guerra, a disposição de seu ânimo para enfrentar o combate seria apreciada pela cidade. O clamor da guerra a partir da Pnyx certamente se estendia por toda cidade. A deserção dos cidadãos da mesma maneira seria notória.

Presente, pois, estava a cidade para a assembléia — sensivelmente presente —, assim como, inversamente, a assembléia estava também dada sensivelmente para a cidade. A essa mútua presença talvez possamos chamar de "centralidade política" ou ao menos uma de suas formas, entendendo-se como elemento central aquele que se daria como presente a todos os demais, tendo-os também como igualmente presentes para si. A Pnyx, reunindo o conjunto dos cidadãos e tendo como atribuição a direção dos principais assuntos da cidade, nessa sua posição central de direção e mando, dava-se de modo tal que à sua posição de centro da vida política associava-se a condição de uma completa ou pelo menos muito abrangente visibilidade; uma visibilidade mútua, ela dando-se à apreensão da cidade, assim como a cidade dando-se à apreensão da Pnyx.

A cidade sempre presente à coletividade de seus cidadãos

Na relação entre a cidade e a Pnyx, de um lado, tínhamos a cidade a mostrar-se em seu todo e nos elementos de que se compunha, públicos e privados; de outro lado, tínhamos um conjunto de pessoas, a totalidade dos cidadãos, uma entidade coletiva. A apreensão que se tinha da cidade a partir da Pnyx tinha o caráter de ser coletiva e não individual. Não era um ou outro dos cidadãos que se retirava para uma altitude periférica para apreciar a sua cidade. Não era também só um grupo deles, uma parcela deles, que o fazia; eram todos eles. A imagem da cidade que assim se formava numa relação de co-presença sensível era uma imagem coletiva e não individual. Por ser coletiva, revestia-se de certos atributos.

Era, já a princípio, uma imagem universal nos limites daquela coletividade. A simples presença de todos dava-lhe uma força especial. Cada um sabia que o que via também por todos os outros estava sendo visto. Sabia que não estava só no desfrute daquele espetáculo; com ele estavam todos os demais que, como ele, tinham a condição de serem cidadãos e de fazerem-se presentes no anfiteatro da Pnyx. A presença na Pnyx por si só era definidora dessa condição: ser cidadão era ter o direito de participação na assembléia. O simples estar lá definia uma condição social na igualdade da posse de um direito. Junto de seus iguais, simplesmente por estar junto deles, cada um afirmava-se como detentor desse direito e reconhecia os demais como sendo iguais a ele mesmo nessa posse.

Reuniam-se como iguais e no reconhecimento dessa igualdade tinham diante de si uma cidade que, sendo igualmente deles, apresentava-se também de uma mesma maneira para todos, para uns assim como para outros, sendo sempre a mesma em sua presença sempre dada. A cidade afirmava-se como um dado sensível comum a todos, ainda que cada qual a visse com seu próprio olhar. Estava presente, sensivelmente presente, e nessa presença dizia ser uma só para o olhar de todos. Era uma mesma cidade para um e, com certeza, para outro também: era uma mesma e não outra. Essa mesma cidade, dada igualmente a todos na objetividade de uma única presença, transcendia pois a subjetividade de cada um que, assim, não tinha senão que se submeter à sua objetividade imperiosa. À diversidade de imagens que se pudesse ter de um fato passado ou futuro, daquilo que se tivesse visto ou que se projetasse na imaginação, mas que não mais se estivesse vendo ou que ainda não se pudesse ver, impunha-se a unicidade de um fato presente, diante do olhar de todos — presença sensível, visual e sonora, talvez olfativa também (quase se tocava a cidade de lá).

A cidade, impondo-se assim em sua presença sensível, não impedia que se elaborassem conceitos; o entendimento não estava impedido de exercitar-se em sua própria atividade. Conforme aquilo que pudesse inquietar a assembléia e a cada um dos presentes, devia pôr-se mesmo em ação. Também a imaginação podia exercitar-se na criação de imagens outras que não aquela da cidade sob o olhar dos cidadãos, imagens comuns ou diferentes para uns e outros. Mas como quer que em todos ou em cada qual entendimento e imaginação exercessem suas atividades, a presença sensível da cidade era sempre um fato, uma constante perante os sentidos de todos. A cidade estava sempre lá, por onde quer que andassem entendimento e imaginação. Havia que se tratar sempre com a imperiosidade de sua presença sensível, iniludivelmente dada para as elaborações do entendimento e imaginação — referência para que não se descolassem dos fatos, lembrete de que seu ponto de partida e seu fim eram pensar e servir aquela cidade.

Na Pnyx, os cidadãos tinham diante de si a sua cidade (seu casario, seus edifícios públicos e religiosos); nela, suas mulheres e filhos, quem mais de sua dependência; e tinham também diante de si o conjunto formado por eles próprios em sua reunião, a cidade que eram, ela enquanto conjunto de seus cidadãos. Assim, eles a tinham como a si próprios, como sendo eles próprios — isto por meio do conhecimento de si, de uns em relação aos outros, que lhes era propiciado pelas disposições do recinto em que se reuniam — e também a tinham como o agregado de todos com quem compartilhavam suas vidas, junto de tudo aquilo que constituía sua riqueza, quer particular ou coletivamente — isto propiciado pelo espetáculo que lhes era oferecido no lugar em que se encontravam. Na Pnyx, a cidade dava-se igualmente a todos os seus cidadãos como em uma espécie de *syssitía*, uma refeição comum, onde o objeto de desfrute, no caso sempre presente e inesgotável, era ela mesma como coletividade de seus cidadãos e agregado de todos e de tudo com que compartilhavam sua felicidade ou tristeza.[16]

---

[16] Para os possíveis empregos da palavra "cidade" ou "polis" em seu aspecto material ou humano e social: HANSEN, Mogens Herman, *Polis and City-State: an ancient concept and its modern equivalent*, op. cit.; para uma possível distinção entre cidade e sociedade: MALACO, Jonas T. S., *Cidade: ensaio de aproximação conceitual*, op. cit.

2. Uma fala posta como mediação entre os cidadãos e interposta na relação entre a assembléia e a cidade

Na Pnyx os cidadãos encontravam-se dispostos conforme as características do anfiteatro que os abrigava. Postavam-se na cávea ou auditório, estando à frente deles a plataforma onde estariam os oradores sucedendo-se em suas falas. De um lado, estava a *bema*, a plataforma onde encontrávamos aqueles que se destacavam dos demais para se porem a falar; de outro lado, a cávea, onde permaneciam aqueles que basicamente se limitavam à condição da escuta.

Na cávea de um anfiteatro é dificultada a conversa com quem esteja atrás ou na frente e não é facilitado também o dirigir-se a quem se encontre ao lado. Do centro se pode falar bem para cada um e todos os lugares da cávea, sendo que destes, quando se fala, só se pode falar bem para o centro. Cada qual, ou está no centro e de lá pode falar para todos e a todos ouvir e também pode ver e deixar-se ver por todos ou, se lá não se encontra, só pode limitar-se a ouvir e a deixar-se ver por quem ocupe aquela posição; e ainda que fale, estando quase sempre ouvindo e não falando, também só pode fazê-lo adequadamente em relação ao centro. Não se estando nele, não há como fazer, pelo menos bem, qualquer uma dessas coisas: falar, ouvir, ver e deixar-se ver. A atenção da assembléia reunida no anfiteatro construído na Pnyx encontrava-se, pois, predisposta para o lugar onde deveriam postar-se os oradores. Era a forma mesma do recinto que assim fazia. O recinto, por si só, dispunha as pessoas de maneira que esse efeito se produzisse. A reunião dos cidadãos era dada já a princípio por uma disposição espacial que punha a todos na predisposição da escuta de uma fala.

Uma fala única como mediação entre os cidadãos

Os cidadãos lá se reuniam, mas a sua simples presença não dava ainda existência a uma assembléia. Estando todos presentes, podiam estar envolvidos com atividades múltiplas e dispersas. Haveria talvez uma fala ao lado de outra, uma junto da outra, uma multiplicidade delas: um burburinho. Um burburinho é o que se ouvia a princípio na cávea. Alguns, centrados sobre si mesmos, isolavam-se em meio aos demais. Outros conversavam em pequenos e variados grupos. Para que a assembléia de fato viesse a acontecer era preciso que, além da simples presença de todos, eles se unissem em uma atividade comum. Isso só acontecia quando um dos presentes destacava-se dos demais, postava-se na *bema* e punha-se a falar. Só então, na escuta dessa fala, efetivamente se reuniam. Quando ela começava todos calavam para ouvi-la; quem acaso não tivesse ainda se aquietado apressava-se em fazê-lo.

A assembléia punha-se à escuta ao iniciar-se uma fala. Ela reunia numa atividade comum o que antes dela só estava dado como união em um mesmo lugar de múltiplas e dispersas atividades. Transformava-se, assim, o caráter do ajuntamento deles. Ao princípio, aproximavam-se e uniam-se uns aos outros meramente pela co-presença física e pelas conversas dispersas. Pela fala destacada da *bema* emitida, passavam a estar unidos, não só por uma co-presença dada, mas por uma atividade comum de emissão e escuta de uma fala. De uma mera multiplicidade de indivíduos fazia-se uma coletividade atuante posta no recolhimento de uma escuta, escuta sempre pronta a transformar-se em um falar, dado que em escuta colocavam-se aqueles mesmos a quem, alternadamente, competia falar.[17]

A fala que a partir da *bema* emitia-se era sempre a de um só cidadão, era sempre única, e na sua unicidade unia a todos em uma atividade comum. Havia sempre só um a falar; nele sempre se concentrava toda a atenção. Todos permaneciam reunidos em uma fala que, não sendo sempre a mesma, tomada alternadamente por uns e outros, nunca deixava de ser sempre uma só. Quando os cidadãos

---

[17] *"Por isso é preciso seguir o-que-é-com (isto é, o comum; pois o comum é o-que-é-com), ... o logos ... "* (HERÁCLITO, *Sobre a Natureza, Fragmento 2*, tradução de José Cavalcanti de Souza, in: *Os Pré-Socráticos: fragmentos, doxografia e comentários*, seleção de textos e supervisão do Prof. José Cavalcante de Souza, São Paulo, Abril Cultural, 1978, p. 79). *Logos* (λόγος) é, a princípio, "a fala", forma nominal correlata de *légein* (λέγειν), *dizer* e *falar*.

falavam na assembléia eram propriamente monarcas, detentores únicos do poder de concentrar a atenção dos demais e, assim, a assembléia era sempre organizada monarquicamente, submetida que estava ao poder de uma fala só. Era sempre só um a falar ocupando o centro; um centro que não se desdobrava, sendo permanentemente uno. A assembléia não dispersava sua escuta em uma multiplicidade de falas. Estas, arranjadas em uma sucessão, eram sempre dadas como únicas, ainda que no transcorrer do tempo fossem várias. O centro do recinto era um pólo de totalização das relações, visualmente e auditivamente.

Constituída pela fala, a assembléia deixava também de existir com ela. Quando calava a fala que reunira os cidadãos e os mantivera como seus ouvintes, a assembléia tornava ao mero silêncio de cada um ou, se não ao silêncio, a um novo burburinho de conversas dispersas. A reunião efetiva da assembléia era constituída e também mantida por uma sucessão de falas únicas que, como únicas, unificavam a atenção de todos.

A assembléia era mesmo o império de uma só fala, sempre presente, constituindo-a e mantendo-a. Um e outro falavam, todos podiam fazê-lo, mas sempre só para todos os outros. Todas as falas tinham necessariamente a todos como ouvintes; era sempre um falar para todos ou não tinha como acontecer. O pensar na Pnyx presente era, pois, sempre imediatamente referenciado em todos. Ao se falar, sempre era aos outros todos que se falava e pensar consigo mesmo, se é que se pudesse, não o seria no silêncio. Sempre o silêncio estaria perturbado pelo som da fala imperiosa, todo pensar individual sempre disputando com ela em sua emissão abarcadora e penetrante. A razão de estar ali era a de dizer aos outros os pensamentos que consigo se trouxesse ou ouvir os deles, submeter os pensamentos de uns aos outros. Sempre se tinha em mente que, a uma fala, sucederia uma outra que com ela poderia concordar ou discordar, mas sendo que, por fim, uma decisão impor-se-ia sobre as opiniões particulares. Estas, permanecendo, deveriam aguardar por uma nova oportunidade para se fazerem valer. O fim que se sabia ser o daquelas reuniões, a decisão a ser dada como a de todos e a todos devendo obrigar, regia imperiosamente a assembléia desde seu princípio. O fim que era o estabelecimento de uma decisão única imperava desde o início, determinando cada uma das falas, desde a primeira. Havia só, pois, ou um falar para todos ouvirem ou um ouvir o que a todos era dirigido.

Assim, nas reuniões da assembléia efetuava-se uma totalização ativa do corpo social, não uma mera reunião para particulares ou parciais desfrutes diversos. O que se afirmava era só uma atividade, única, onde o corpo social como uno atuava. Outras atividades não encontravam oportunidade para acontecer. Estava excluído já o próprio recolhimento, ao que se contrapunha a fala sempre presente chamando a todos para que a ouvissem, exigindo de todos que o fizessem. Estavam excluídas também todas as conversas que na *bema* não estivessem centradas. A fala dela emitida impunha-se a todas as outras, fazia com que se calassem. Da mesma maneira,os olhares todos centravam sua atenção em um único foco. Não havia um cruzar de olhares com sentidos diversos. As reuniões na Pnyx eram o oposto a uma algazarra. Eram regradas, já a partir de suas disposições arquiteturais básicas, para que a atenção de todos estivesse sempre voltada para uma fala única a todos impositiva, só onde se encontrava possibilidade de estar com os demais. Ou se estava junto aos outros através daquela fala ou não havia como se fazer presente. A única possibilidade de presença, a condição iniludível de apresentar-se no recinto da Pnyx, era a de um comprometimento de participação em um modo de ser coletivo, aquele de um conjunto atuante de indivíduos sempre unidos na emissão ou escuta de uma fala, sempre única, sempre unificadora.

Dava-se assim um modo de relação que, sendo geral de todos com todos, não era, no entanto, o de uma relação imediata de cada qual com cada um dos outros, porém sempre a de todos com um só dentre eles, e só através deste — que dos demais se separava para pôr-se a falar — é que uns e outros, todos eles, podiam relacionar-se. A relação de cada um com os demais era sempre mediada por sua relação com só um deles, aquele que se encontrava na posição central.

A fala como mediação interposta entre a assembléia e a cidade

A cávea do recinto da assembléia assentava-se na declividade da colina voltada para a cidade. Os cidadãos dispunham-se de tal forma que tinham seus olhares postos na direção da cidade. Mas ao mesmo tempo, bem junto deles e à sua frente, aos pés do auditório, encontrava-se a plataforma onde se elevava a *bema*. Assim, tínhamos em um primeiro plano a *bema* e por detrás dela, em um segundo plano, a cidade. Esses dois planos davam-se simultaneamente à visão. Os cidadãos estavam dispostos com sua atenção voltada para a cidade e, ao mesmo tempo, tinham-na concentrada em um ponto, também à frente deles, mas mais próximo, entre eles e a cidade. Lá se emitia uma fala. Todos estando voltados para a cidade, estavam com sua escuta posta nessa fala.

Tinham sua atenção concentrada no ponto em que uma fala formava-se e era só assim fazendo que como coletividade, por detrás dele, viam também a cidade. Ao se dirigir o olhar para o orador, não se podia deixar de estar dirigindo o mesmo olhar para a cidade; esta aparecia sempre como um segundo plano em relação ao lugar onde se encontrava aquele. A multiplicidade dos olhares reduzia-se à atenção sobre um único ponto e esse ponto definia a direção na qual também a cidade dava-se à atenção do conjunto dos cidadãos. Na verdade, a cidade nunca podia ser vista pela assembléia enquanto tal (como totalização ativa do conjunto dos cidadãos) sem a presença do orador que se interpunha entre uma e outra, pois, sem sua fala, assembléia não haveria. Entre elas, a cidade e a assembléia, existia sempre a mediação do emissor de uma fala, pois era só sua fala que dava existência de fato à assembléia e, tal como o fazia, no mesmo ato, dispunha o olhar de todos na direção da cidade.[18]

A cidade não se dava, pois, à assembléia na imediatez de uma imagem simplesmente presente. Sua imagem só se fazia presente

---

[18] Heidegger adverte que *légein*, além de dizer e falar, "... também significa o que entendemos com o '*legen*', do alemão, que soa parecido: deitar e estender diante." (HEIDEGGER, Martin, *Logos: Heráclito, Fragmento 50, Conferências e ensaios III*, 3-25, in: *Os Pré-Socráticos: fragmentos, doxografia e comentários*, op. cit., p. 112)

pela mediação de uma fala, meio pelo qual os cidadãos eram postos como seus espectadores. Mas assim, a fala constituía-se em elemento interposto. Era voltando-se para o ponto onde era emitida que se via a cidade. Só através dela é que se via a cidade; mas ela, dando-se à presença junto com a cidade, impunha-se como co-presença, interpondo-se. Era a fala que fazia com que todos mantivessem sua atenção voltada para a cidade; mas o orador não se punha de lado, punha-se bem à frente. Não se recolhia ao silêncio; pelo contrário, fazia com que a assembléia e não ele se recolhesse ao silêncio na escuta de seu próprio discurso. E a fala, interpondo-se, parcialmente velava aquilo mesmo que revelava a seus ouvintes. O elemento revelador, no modo mesmo em que exercia sua ação reveladora, fazia-se velamento. Disputava a atenção, fazia com que fossem seus ouvintes aqueles a quem dava a ver a cidade. Sempre que o conjunto dos cidadãos via a cidade estava também presente esse velamento parcial. Na verdade, eram dois objetos propostos à atenção do auditório. Ora um podia fazer valer mais sua presença, ora outro. Concordariam às vezes, outras vezes não. Como quer que fossem suas relações, disputavam a atenção. Eram propriamente dois objetos e não só um.[19]

A cidade em seu modo de presença pela ação da fala reveladora

Havia algo que mediava a relação dos cidadãos com a cidade que tinham sob suas vistas: uma fala. Essa fala acolhia como objeto de sua consideração algumas questões e não outras. Selecionavam-se as proposições e toda seleção é necessariamente uma exclusão. Selecionavam-se umas, excluíam-se outras. Constituía-se, assim, uma imagem seletiva da cidade. As proposições escolhidas também não eram meramente amontoadas, mas na sucessão das falas, dadas em

---

[19] *"...es más posible percibir cada cosa individual cuando se nos presenta sola que cuando se nos presenta mezclada con otra. Por ejemplo, es más fácil gustar vino solo que vino mezclado con agua, y así ocurre también con la miel o con el color; y la tónica es más fácil de oír por sí misma que cuando suena con la octava, porque tienden a oscurecerse la una a la otra. Eso mismo ocurre también con las cosas*

uma certa ordem; afirmando-se, pois, que certos assuntos vinham antes e outros depois. Um conjunto determinado de proposições escolhidas era apresentado diante dos cidadãos segundo uma ordem que era a daquelas falas e não outra. O modo e a ordem na qual se sucediam os trabalhos da assembléia estavam, pois, determinados pela escolha e pela ordem dos assuntos que através da sucessão das falas efetuava-se.[20]

---

individuales de las que se forma un todo. Si, pues, el estímulo más fuerte predomina sobre el más débil, se deduce que, si ellos tienen lugar juntos, el más fuerte será menos perceptible que si tuviera lugar solo, porque el más débil, al mezclarse con él, le ha sustraído algo, puesto que todas las cosas simples son más perceptibles." (ARISTÓTELES, *Dos sentidos e do sensível* 447a e seg., tradução de Francisco de P. Samaranch, in: *Obras*, Madrid, Aguilar, 1967, p. 888-9)

[20] Advertindo que *légein* significa também deitar e estender diante, recolher, Heidegger continua perguntando em que medida chegaria o sentido de *légein* como pousar e estender à sua significação de dizer e falar: *"Para encontrarmos um ponto de apoio para uma resposta, impõe-se uma reflexão sobre o que efetivamente se esconde no* légein *como pousar. Pousar (estender) significa: levar algo a se deitar. Pousar é também, ao mesmo tempo, deitar uma coisa junto da outra, recolher. Pousar é sinônimo de colher. O colher que nos é mais conhecido, no sentido de ler um texto, é um modo derivado, ainda que tenha passado para o primeiro plano, de colher, no sentido de: trazer-junto-para-o-estender-diante. Quem colhe as espigas levanta o fruto do chão. Na colheita da uva se tiram os cachos da parreira. Colher e apanhar terminam num ajuntar. Enquanto persistirmos no ver rotineiro, inclinar-nos-emos a considerar este ajuntar já como o recolher ou o ato que o encerra. Recolher, contudo, é mais que simples amontoar. Do recolher faz parte o procurar e trazer para um lugar. Ali domina o abrigar; e neste, por sua vez, o guardar. Aquele 'mais' que vai além do puro apanhar para amontoar, no recolher, não é apenas um ato suplementar. E ainda menos é um ato derradeiro que tem lugar na conclusão da colheita. O guardar as coisas, levando-as para o abrigo, já tomou a si o começo dos passos do recolher e domina a todos eles no entrelaçamento de sua sucessão. Se apenas olharmos fixamente para a sucessão dos passos, então o ajuntar se acrescenta ao tirar e levantar, ao ajuntar o levar a algum lugar, a este o abrigar num reservatório ou silo. Assim se firma a aparência de que o guardar e conservar não fazem mais parte do recolher. Mas o que se torna uma colheita que não é conduzida e carregada pelo traço fundamental do proteger? O proteger e abrigar ocupam o primeiro lugar na estrutura essencial da colheita. O abrigar, contudo, não protege qualquer coisa que acontece algum dia em algum lugar. O recolher, que propriamente começa com a intenção de abrigar a colheita, é em si e previamente um selecionar daquilo que exige abrigo. A seleção, por sua vez, é determinada por aquilo que, no seio do que pode ser selecionado, se mostra como o escolhido. O que vem absolutamente em primeiro lugar em face do abrigar, na estrutura essencial da colheita, é a escolha (no alemânico: a escolha prévia,* Vor-lese)

A existência da fala era já para a assembléia a presença de um outro que não a cidade. O discurso pronunciado a partir da *bema* falava de uma cidade, aquela que seus ouvintes tinham sob seus olhares. Porém interpunha-se entre eles e ela e, nessa mediação, colocava-se como intérprete dela, um intérprete seletivo e ordenador. Eram os problemas daquela cidade que deveriam ser discutidos, só eles. A função primeira dos discursos da *bema* emitidos era a de formulação e ordenamento desses problemas. Mas não se limitavam estritamente a isso. Por sua própria natureza, faziam-se valer para seus ouvintes como objetos particulares, distintos da cidade sobre a qual discorriam. Como objetos distintos, faziam com que os cidadãos atentassem para qualidades só suas, não da cidade.

Em geral, um falar ordena-se conforme suas premissas e os modos de, a partir delas, chegar-se a conclusões. Há uma lógica onde os modos dedutivos e indutivos organizam os argumentos, porém não só. Um discurso faz uso de outros meios em sua estruturação própria. Desperta paixões, suscita a concordância ou a reprovação. Propõe que se ame ou odeie pessoas ou fatos. Há nele uma lógica e também uma retórica, mesmo uma poética. Por esses seus modos próprios,

---

a que a seleção vem articular-se, que subordina a si todo o trabalho de ajuntar, levar para um lugar e abrigar. A ordem na qual se sucedem as etapas do trabalho de recolher não coincide com aqueles gestos de estender e carregar, em que repousa a essência da colheita. O recolher exige igualmente o ato de concentração dos que colhem, que unam seu trabalho de recolher sob o signo do abrigar para, assim, a partir dele apenas recolhido, se possam recolher. A colheita exige de si e para si este recolhimento. No recolher recolhido impera uma concentração originária" (HEIDEGGER, Martin, op. cit., p. 112-3). As deliberações da assembléia iniciavam-se com a apreciação de um *proboúleuma* (προβούλεμα) que lhe apresentava a Boulé dos Quinhentos. A palavra *boulé* (βουλή) designa conselho, no sentido de aconselhamento e também no sentido de um corpo coletivo. Em Atenas, a Boulé dos Quinhentos era um conselho composto de 500 membros, 50 por cada uma das filés (φυλαί) em que se dividia a cidade. A ela, entre outras funções, correspondia a preparação das reuniões da assembléia, nisto destacando-se o seu papel na elaboração prévia das questões a serem discutidas na forma de *probouleúmata. Bouleúein* (βουλεύειν) é deliberar; *boúleuma* (βούλευμα), resolução-decisão; *pro-boúleuma*, algo elaborado no sentido de uma decisão; no caso da Boulé de Atenas, uma pré-decisão, um parecer na forma de uma proposta de resolução. Para o funcionamento dos diferentes órgãos políticos em Atenas: nota 3.

o discurso dos oradores postados na *bema* constituía-se em um objeto especial de atenção para os cidadãos à sua frente na cávea. Tomava sua atenção para qualidades ou defeitos que eram só seus como discurso e não diziam respeito à cidade. Envolvia-os no desfrute da beleza que tivesse ou irritava-os por suas falhas e incorreções; qualidades ou defeitos que eram apreciados, em parte ao menos, por si próprios. Havia quem, dir-se-ia, falava bem; outro havia sem essa qualificação. A atenção dos ouvintes detinha-se certamente na observação de tais fatos.

Constituía-se, pois, com a presença da fala interposta entre a assembléia e a cidade, um objeto de atenção que, sendo mediação necessária, era também necessariamente, iniludivelmente, um objeto, não estranho talvez, mas propriamente distinto. Lá estava não como um meio translúcido, ou que só se fizesse valer pelas suas qualidades na função da mediação que exercia, mas chamando também para si a atenção em relação a qualidades ou defeitos exclusivamente seus. Davam-se aos cidadãos dois objetos de atenção, dois distintos objetos de atenção. Um estava lá como mediação para a presença do outro. A fala servia para que a cidade fosse vista; só com ela, por meio dela, a cidade podia transformar-se em objeto da atenção coletiva dos cidadãos reunidos na Pnyx; mas não só, disputava a fala com a cidade, impunha-se como centro de interesse próprio.

Aristóteles observa que é mais fácil perceber as coisas quando se apresentam só do que quando mescladas umas com as outras. Quando dadas conjuntamente, cada uma delas se faz menos perceptível, pois, podemos dizer, os estímulos concorrem na atenção do observador ou ouvinte, a percepção mais clara de uns sendo obstaculizada pela percepção também presente de outros. Estímulos de mesma força podem anular-se. Um estímulo mais forte predomina sobre um mais débil. Quando prestamos atenção a um som muito forte ou estamos dominados por um pensamento intenso, deixamos mesmo de ver[21]. Na Pnyx a presença do orador era

---

[21] Nota 19

necessária para a própria constituição da assembléia e para que esta se voltasse para a cidade; uma presença necessária, sim, mas que, necessariamente também, trazia consigo esta dificuldade. O modo pelo qual tinha existência a assembléia, em si mesmo, trazia esta dificuldade.

E os objetos multiplicavam-se mais ainda. A fala interposta, além de com sua simples presença constituir-se já em um segundo objeto para a consideração da assembléia, trazia consigo outros e mais outros objetos a interpor-se. Os conteúdos discursivos, já mesmo para bem pensar a cidade, deviam constar não só dela mesma ou daquilo que internamente lhe pertencia, mas também de suas relações com outras cidades e mundos. Deviam ainda apreciá-la em seu estado presente em relação ao seu passado, tendo em vista seu futuro. A uma cidade dada no presente, deveriam relacionar outras do passado e outras mais do futuro. A fala em geral tem ainda o poder da alusão, é capaz de despertar o poder da imaginação de seus ouvintes. Não só de categorias constituem-se seus conteúdos; também a concretude das figuras da imaginação faz parte deles. Múltiplas cidades faziam-se assim presentes à assembléia. Traziam-se à presença dos cidadãos outras cidades que não aquela sensivelmente dada a eles, outras situações que não aquela imediatamente vivida. A fala que tomava sua atenção transportava-os para outros lugares. Transportava-os também para outros tempos. Fazia com que se imaginassem no passado, assim como tinha o poder de pô-los a viver o futuro.

Outras situações que não a imediatamente vivida eram trazidas à presença dos cidadãos. Se aos sentidos deles só estava dada uma cidade, a sua, no momento mesmo em que a observavam, pela imaginação, sob o poder unificador imperioso da fala que chegava a seus ouvidos a partir da *bema*, podiam transportar-se para outras cidades, para outros tempos. Podiam evadir-se dali, viver outros mundos. Assim, junto da cidade que viam, aquela em que viviam, constituíam-se, ali mesmo em sua própria cidade, outras — imaginárias — e outros imaginários tempos também. Pelo poder da fala lá imperiosa eram muitos os mundos que se interpunham entre os cidadãos e a cidade que do auditório da Pnyx podiam contemplar.

O orador e sua audiência

A cidade fazia-se presente, mas só na co-presença de um discurso seletivo e especificamente ordenador que se interpunha entre ela e o conjunto dos cidadãos reunidos, apresentando-a junto a outras cidades que não ela: ela própria em outros tempos e diferentes cidades e mundos além daquele que os sentidos podiam apreender. Não se via a cidade em um simples recolhimento de silêncio. Não se via a cidade sem que à sua frente se fizesse presente a figura de quem fosse o emissor de uma fala. Nessa fala, nessa sucessão de monólogos, polarizou-se no século V toda a vida política de Atenas. As personalidades desse tempo confundem-se com seus principais titulares. Tais foram Temístocles, Címon, Efíaltes e Péricles.

Mas o falar só se completa com o ouvir. Não há propriamente falar, se ao falar não corresponder um ouvir. Quem fala só o faz com a intenção de ser ouvido e tendo em vista ou que haja já um acordo com seu ouvinte, ou então, que se possa chegar a ele; quer se espere seja o ouvinte que venha fazê-lo, fazendo suas as palavras a ele dirigidas — ele vindo a dizer o mesmo que elas —, quer se espere digam as palavras o que o ouvinte queria ouvir — dizendo elas o mesmo que ele. Já quando pensadas, as palavras pressupõem um ouvinte que elas querem atingir. Todo *légein* (λέγειν), falar e dizer, tem em vista um *homolegeĩn* (ὀμολεγεῖν), um falar e dizer o mesmo.[22]

---

[22] *"Se nosso ouvir fosse primeiramente e sempre apenas este captar e retransmitir de sons, ao qual se juntariam ainda outros processos, então seria verdade que a mensagem sonora entraria num ouvido e sairia pelo outro. É exatamente isto que acontece, quando não nos concentramos naquilo que é dirigido a nós. Mas aquilo que se nos diz é ele mesmo a coisa estendida-diante e apresentada depois de recolhida. O escutar é propriamente este recolher-se, concentrado na palavra que nos é dirigida, que nos é dita. O escutar é primeiro o ouvir recolhido. Na atitude que se põe à escuta, manifesta-se a essência do ouvir. Escutamos, se somos todo ouvidos. Mas 'ouvido' não é o aparelho do sentido auditivo. Os ouvidos que a anatomia e a fisiologia conhecem não produzem jamais, enquanto órgãos dos sentidos,*

A fala que se pronunciava na *bema* ou tinha o poder de colocar a audiência na condição de sua escuta e obter uma concordância de opinião ou se fazia impossível. Tinha que se sobrepor, já a princípio, à multiplicidade das falas particulares: fazer-se ouvir, calar o burburinho e manter a atenção silenciosa sobre si. A audiência precisava deixar-se estar na condição de escuta. Na condição de escuta, permitir que a fala, permanecendo sempre única, fosse desdobrada em uma multiplicidade de discursos particulares. Os oradores, na sucessão de suas falas, concordavam ou se opunham. Disputavam perante um auditório que, mesmo se mantendo em uma condição mais comum de escuta, vez por outra se manifestando, fazendo-se ruidoso em desaprovação ou jubiloso em aprovação, entendia que o poder de decisão era seu. Em sua condição de escuta o auditório não era passivo: gestava uma decisão. Enquanto isso impunha sua presença aos oradores, estando à frente e acima deles, envolvendo-os em sua semicircularidade. Aqueles que falavam deveriam fazer

---

um escutar. (...) Aqui não se trata de investigar, mas de meditar atentamente uma coisa muito simples. (...) ... faz parte do escutar propriamente dito justamente o fato de o homem poder ouvir mal, enquanto passa por alto o essencial que deveria escutar. (...) Nós não ouvimos pelo simples fato de termos ouvidos. Nós temos ouvidos e podemos estar fisicamente armados de orelhas porque ouvimos. Os mortais escutam o trovão do céu, o vento da floresta, o murmúrio da fonte, os acordes da harpa, o ruído dos motores, o barulho da cidade, somente e na medida em que de tudo isto já fazem ou não fazem parte. Somos todo ouvidos, quando o nosso recolhimento se transporta, puro, para dentro do poder de escutar, quando esqueceu completamente os ouvidos e a simples impressão de sons. Enquanto escutarmos apenas palavras como expressão de alguém que fala, não escutamos ainda, não escutamos absolutamente. E jamais chegaremos, assim, a ter realmente ouvido qualquer coisa. Quando então teremos ouvido? Tê-lo-emos, quando fizermos parte daquilo que nos é inspirado. O dizer daquilo que foi inspirado é légein, *deixar-estendido-diante uma coisa junto da outra. Fazer parte do dizer não é outra coisa que: aquilo que um deixar-estendido apresenta em seu conjunto, deixá-lo estendido diante enquanto tal. Ele pousa a isto enquanto tal. Ele pousa um e o mesmo numa unidade. Ele pousa um como sendo o mesmo. Um tal* légein *pousa um e o mesmo, o* homón. *Um tal* légein *é o* homologeĩn: *um enquanto o mesmo, uma coisa junto da outra recolhida no mesmo de seu estar-estendido-diante."*
(HEIDEGGER, Martin, op. cit., p. 114-5)

com que valessem suas palavras e, para tanto, era preciso que elas se transformassem em uma decisão da assembléia. Amoldá-la-iam a suas idéias ou amoldar-se-iam eles àquelas de seus ouvintes. Sócrates critica os aduladores do demos e a arte que se criara para formá-los[23]. Entre os oradores estabelecia-se a disputa pelo apoio e controle da assembléia — Aristófanes retrata a situação em sua comédia[24].

---

[23] *"É como se uma pessoa, que tenha de criar um animal grande e forte, aprendesse a conhecer as suas fúrias e desejos, por onde deve aproximar-se dele e por onde tocá-lo, e quando é mais intratável ou mais meigo, e porquê, e cada um dos sons que costuma emitir a propósito de cada coisa, e com que vozes dos outros se amansa ou irrita, e, depois de ter adquirido todos estes conhecimentos com a convivência e com o tempo, lhes chamasse ciência e os compendiasse, para fazer deles objeto de ensino, quando na verdade nada sabe do que, destas doutrinas e desejos, é belo ou feio, bom ou mau, justo ou injusto, e emprega todos estes termos de acordo com as opiniões do grande animal, chamando bom àquilo que ele aprecia, mau ao que ele detesta, mas sem ter qualquer outra razão para tanto, antes designando por justo e belo o inevitável, porquanto nunca viu qual é a diferença essencial entre a natureza da necessidade e a do bem, nem é capaz de a apontar a outrem. (...) — Ora, afigura-se-te que há alguma diferença entre este homem e aquele que supõe que a ciência consiste em conhecer a fúria e os prazeres da multidão em assembléia de gente de toda a espécie, quer seja em pintura, em música ou em política?"* (PLATÃO, *A República* 493a-d, tradução de Maria Helena da Rocha Pereira. Lisboa, Fundação Calouste Gulbenkian, 1980, p. 283)

[24] Enquanto o Curtidor de Couros e o Salsicheiro disputam, o coro, a parte, discute com Demos: *"Ó Povo, que belo império o teu! Todos te receiam como a um rei. Mas és tão fácil de levar! Gostas de ser engraxado, enganado, ficas de boca aberta perante os oradores. Essa tua mioleira está aí, mas anda por longe. — Mioleira é coisa que vocês não têm debaixo dessas guedelhas, se julgam que eu não sei o que faço. É de propósito que me armo em parvo. Por minha parte, gosto da minha papinha todos os dias, e estou disposto a sustentar um ladrão de um chefe político. Mas quando o tipo está cheio, mando-o ao ar com um pontapé no rabo. — Pois fazes muito bem, se é a perspicácia que determina o teu comportamento, como dizes. Uma grande perspicácia mesmo, se é com um fito que os engordas na Pnyx, como vítimas públicas; e quando acontece que não tens outro pitéu à mão, agarras num deles, dos mais gordinhos, imolá-lo e papá-lo ao jantar. — E vejam lá se não me ajeito a agarrar esses fulanos, que se julgam muito espertinhos e que pensam que me enganam. Ando de olho neles a toda a hora, sem sequer parecer reparar que eles roubam. Depois, obrigo-os a deitar cá para fora tudo aquilo que me bifaram. O funil do voto é a minha sonda."* (ARISTÓFANES, *Os cavaleiros* 1115-1150, tradução de Maria de Fátima de Souza e Silva, Coimbra, I.N.I.C/C.E.C.H.U.C, 1985, p. 99-100)

Talvez o demos tenha dirigido de fato os negócios da cidade, ainda que a condução que tenha dado a eles pudesse ser considerada desastrosa[25]. No "Górgias" Platão refere-se à sua disputa com os políticos, dando-lhe a vitória. Péricles foi pesadamente multado no final de sua vida e com Miltíades aconteceu o mesmo; Temístocles foi exilado e Címon foi condenado ao ostracismo.[26]

---

[25] *"Imagina, pois, que acontece uma coisa desta espécie, ou em vários navios ou num só: um armador, superior em tamanho e em força a todos os que se encontram na embarcação, mas um tanto surdo e com a vista a condizer, e conhecimentos náuticos da mesma extensão; os marinheiros em luta uns contra os outros, por causa do leme, entendendo cada um deles que deve ser o piloto, sem ter jamais aprendido a arte de navegar nem poder indicar o nome do mestre nem a data de seu aprendizado, e ainda por cima asseverando que não é arte que se aprenda, e estando prontos a reduzir a bocados quem declarar sequer que se pode aprender; estão sempre a assediar o dono do navio, a pedir-lhe e a fazer tudo para que lhes entregue o leme; algumas vezes, se não são eles que o convencem, mas sim outros, matam-nos, a esses, ou atiram-nos pela borda fora; reduzem à impotência o verdadeiro dono com a mandrágora, a embriaguez ou qualquer outro meio; tomam conta do navio, apoderam-se da sua carga, bebem e regalam-se de comer, navegando como é natural que o faça gente dessa espécie; ainda por cima, elogiam e chamam marinheiros, pilotos e peritos na arte de navegar a quem tiver a habilidade de os ajudar a obter o comando, persuadindo ou forçando o dono do navio..."* (PLATÃO, *A República* 488a-d, op. cit., p. 274-5)

[26] PLATÃO, *Górgias* 515c-517a.

3. Um lugar referenciado em outros lugares

Em geral, para cada um de nós é sempre como se fossem pelo
menos duas paisagens: aquela que apreendemos pelos sentidos
e aquela que nos oferece nossa imaginação[27]. Na Pnyx também era
assim. Lá, no entanto, não lidamos com o fato de uma apreciação
meramente individual. Havia, sim, a imagem sensível da cidade
presente a cada um dos cidadãos e havia também os elementos
todos da imaginação de cada qual; mas isto só a princípio. Com
a afirmação da fala única, reunindo o conjunto dos cidadãos como

---

[27] *"— Em todo o momento de atividade mental acontece em nós um duplo fenômeno
de percepção: ao mesmo tempo que temos consciência dum estado de alma, temos
diante de nós, impressionando-nos os sentidos que estão virados para o exterior,
uma paisagem qualquer, entendendo por paisagem, para conveniências de frases,
tudo o que forma o mundo exterior num determinado momento da nossa percepção.
— Todo estado de alma é uma paisagem. Isto é, todo o estado de alma é não só repre-
sentável por uma paisagem, mas verdadeiramente uma paisagem. Há em nós um
espaço interior onde a matéria da nossa vida física se agita. Assim uma tristeza é
um lago morto dentro de nós, uma alegria um dia de sol no nosso espírito. E — mesmo
que se não queira admitir que todo o estado de alma é uma paisagem — pode ao menos
admitir-se que todo o estado de alma se pode representar por uma paisagem.
Se eu disser 'Há sol nos meus pensamentos', ninguém compreenderá que os meus
pensamentos estão tristes. — Assim tendo nós, ao mesmo tempo, consciência
do exterior e do nosso espírito, e sendo o nosso espírito uma paisagem, temos
ao mesmo tempo consciência de duas paisagens. Ora essas paisagens fundem-se,
interpenetram-se, de modo que o nosso estado de alma, seja ele qual for, sofre um
pouco da paisagem que estamos vendo — num dia de sol uma alma triste não pode
estar tão triste como num dia de chuva — e, também, a paisagem exterior sofre do
nosso estado de alma — é de todos os tempos dizer-se, sobretudo em verso, coisas
como que 'na ausência da amada o sol não brilha', e outras coisas assim. De
maneira que a arte que queira representar bem a realidade terá de a dar através
duma representação simultânea da paisagem interior e da paisagem exterior.
Resulta que terá de tentar dar uma intersecção de duas paisagens. Têm de ser duas
paisagens, mas pode ser — não se querendo admitir que um estado de alma é uma
paisagem — que se queira simplesmente interseccionar um estado de alma (puro e simples
sentimento) com a paisagem exterior."* (PESSOA, Fernando, Apontamento solto,
Obra Poética, Rio de Janeiro, Aguilar, 1960, p. 31)

ouvintes em sua escuta, negava-se em cada qual a presença de um pensamento próprio e exclusivo. A fala unificadora da *bema* emitida a todos fazia seus ouvintes; esforçava-se para isso e podemos acreditar que o conseguisse, ao menos em grande medida, pois, sem isso, a própria assembléia não se constituiria. No limite da incapacidade daquela fala para pôr todos os presentes em sua escuta, a assembléia não teria existência. Existindo, a todos a fala reunia em um universo de pensamento compartilhado coletivamente — em um *logos* — e ele, o discurso, só é um "o-que-é-com" pela anulação da subjetividade de cada um sob o império de um falar unificador. Tratava-se, pois, de uma consciência de muitos e não individualizada; não da ciência de um ou de outro, uma distinta da outra, mas de uma mesma consciência em todos.

No entanto, tão só uma consciência, não uma outra coisa qualquer além de uma consciência e, assim, remetendo-nos necessariamente a uma pluralidade de outros. Realidade particular, a consciência é algo junto a algo mais: a realidade além da particularidade que é. E o que estava além da consciência comum dos cidadãos quando reunidos na Pnyx era já a própria cidade que a assembléia tinha sob seu olhar e, mais além, outras cidades e outros mundos; entre eles, outros fatos de consciência — a consciência de cada qual para além da vivenciada coletivamente na Pnyx e outras cidades e povos que a seu modo constituíam-se em consciências coletivas, reunindo em um ser único o ser individual de seus membros.

Não havia como se furtar à presença do *logos* nas assembléias na Pnyx realizadas. Impossível escapar à sua imperiosa presença. Porém estar nele, deixando-se tomar pelo seu poder imperioso e abarcador, não significava imediatamente senão estar junto a uma parcela determinada da realidade, não a ela toda. Aquele discurso, comum à consciência de todos os presentes, universal no âmbito daquele conjunto de pessoas, era não mais do que um fato particular em meio a um mundo diferente dele, em relação à uma realidade distinta dele próprio. Na verdade, não havia como confundir o *logos* presente na assembléia com o próprio mundo. Eram realidades distintas. Por um lado, um discurso com toda a sua força; por outro, o resto do mundo, uma série de mundos, entre estes, também aqueles de outras consciências coletivas, de outros *logoi*: eis o fato primeiro, o equacionamento mais simples da situação na Pnyx vivida quando nela os cidadãos reuniam-se em assembléia.

O que os olhos viam pondo termo ao que os ouvidos ouviam

Dentre os mundos presentes na Pnyx, um único, além da própria reunião dos cidadãos, era dado imediatamente em sua concretude sensível: a cidade sob o olhar da assembléia. Por mais ricas e variadas que fossem as paisagens que se desenhassem no *logos* presente na assembléia, por mais imperiosas que fossem por seus encantos ou pelos temores que pudessem despertar, estava também presente, iniludivelmente presente, a cidade, aquela mesma dos cidadãos lá reunidos; e bem ali, à sua frente, sensivelmente, sem que seus olhares dela pudessem desviar-se. Como quer que se envolvessem nos debates travados na Pnyx, como quer que se deixassem tomar pela imaginação despertada e agitada pelo discurso lá imperioso — por seu meio revestindo-se de trajes imaginários diversos, vivendo lembranças variadas, gloriosas, dramáticas ou cômicas —, esse mundo em que os colocava o encanto de uma fala, era sempre dado tendo à sua frente um fato dele distinto: a sua cidade. E nela sabiam estar tudo aquilo que era seu. Estavam lá as mulheres e filhos de uma boa parte deles, suas casas, os edifícios públicos de que se orgulhavam, seus templos e monumentos — os bens de que se constituíam a sua riqueza e a sua felicidade —, assim como o que pudesse desagradar-lhes — as ruínas deixadas pela guerra, a má conservação do bem público ou particular. Os sonhos gloriosos ou os delírios temerosos que vivessem no encanto da fala na Pnyx imperiosa sempre estariam referenciados na presença material de sua cidade. A presença sensível da cidade era tão imperiosa como a da fala na *bema* emitida.

E, já nessa presença sensível, já por essa presença, a cidade punha termo ao mundo do *logos* dos seus cidadãos reunidos. Demarcava o âmbito de sua vigência pela afirmação de seu próprio âmbito de presença. Por um lado, o mundo de domínio das palavras da *bema* pronunciadas; por outro, o de domínio da imagem imediatamente dada da cidade dos seus emissores e ouvintes: um junto ao outro, um disputando a atenção com o outro, pondo um termo ao outro ao mostrarem-se em suas particularidades e seus limites.

A presença da cidade perante o olhar dos cidadãos reunidos dava-lhes, assim, ciência dos limites do próprio espaço da assembléia. Estavam reunidos em uma específica porção de espaço, distinta do restante da cidade. Era só uma parcela do espaço total da cidade que tomavam com sua atividade deliberativa. Bem marcados estavam os limites dessa particular e especializada área. Via-se de lá o conjunto da cidade e o próprio lugar onde se estava. Vendo-se ao mesmo tempo uma coisa e outra, definindo-se um aqui como diferente de um lá, dava-se à consciência de todos a ciência de que havia uma distinção. Assim, a limitação objetiva era dada também como delimitação subjetiva: a todos era dada ciência da particularidade do lugar em que se encontravam. A especificidade daquele lugar era bem exposta por meio da imediata presença dos outros específicos e particulares lugares da cidade. A visão do conjunto bem permitia situar a parte em que se estava em relação ao todo; vê-la em sua particularidade como distinta das demais, apreciar suas especificidades e limites. Não só havia, pois, uma delimitação de fato, mas também a ciência desse fato por parte de cada um e de todos lá presentes.

A co-presença sensível de diferentes poderes

A cidade, dada imediatamente aos sentidos, bem deixava ver nela os elementos que a constituíam. Dessa maneira, a assembléia reunida na Pnyx tinha face a si, presentes na cidade sob seu olhar, os lugares ocupados pelas demais instituições que a seu lado também governavam. Em posição de predomínio durante o século V a.C., mas não sendo única na estruturação do governo, ela compartilhava o mando nos negócios políticos com todo um conjunto de órgãos de administração e governo. Tal como era a cidade e, nela, a particular localização da Pnyx, essas outras instituições estavam dadas imediatamente à sua presença. Apresentavam-se diante dela em seu modo de ser urbano e material, onde, tomando para si um certo lugar, definiam um específico modo de relacionamento entre si e, em especial, com a Pnyx.[28]

---

[28] O conjunto da população era dividido em 10 filés, cada uma destas em 3 trítias e estas em demes. As filés não tinham unidade territorial; as trítias que as compunham eram pertencentes a 3 zonas diferentes do território da cidade (a região da própria cidade e da planície a seu nível, aquela junto ao litoral e outra pertinente às regiões mais interiores), não havendo continuidade territorial entre elas. Em cada trítia não existia também contigüidade entre os demes. Em termos dos órgãos centrais do governo, as filés desempenhavam o papel de unidades de referência básica. Na assembléia todos tinham assento, mas nos órgãos onde a presença se dava por representação, esta era distribuída conforme elas. Na Boulé, a cada filé correspondiam 50 assentos, totalizando-se os 500 membros daquele conselho preparatório das reuniões da assembléia e encarregado das medidas executivas de implementação de suas decisões. Na Pritania que funcionava como uma espécie de comitê permanente da Boulé, os corpos de 50 representantes de cada uma das filés na Boulé sucediam-se ao longo de um ano dividido em 10 períodos. Era um dos prítanes — o que presidia aquele conselho com mandato de apenas um dia — que desempenhava também o papel de presidente da assembléia, caso então se realizasse. Existiam funções não definidas segundo a divisão em filés, as mais importantes sendo a dos arcontes e, no século V a.C. em especial, a dos estrategos. Os arcontes, existentes desde bem antes de Clístenes, tendo persistido com suas reformas, presidiam vários tribunais e também vários momentos da vida religiosa da cidade. Os estrategos, função a princípio militar, acabaram por ter no século V um papel decisivo, sendo que no seu desempenho vamos encontrar os principais personagens da época como foram Temístocles e Péricles. O Areópago, conselho que, conforme alguns, entre eles Aristóteles, teria desempenhado o papel político central antes das reformas democráticas, no Século V era constituído pelos ex-arcontes depois de seus mandatos de um ano. Destituído de seu papel central de guardião da constituição com Efíaltes ou já antes com Clístenes, permaneceu tribunal importante nas causas privadas, cabendo-lhe julgar, entre outros, os acusados de assassinato. Para uma apreciação primeira da organização dos diferentes poderes políticos em Atenas: nota 3. A religião perpassava todos os aspectos da vida da cidade, mantendo, no entanto, sua esfera particular de domínio como guardiã dos valores dados como estando acima de disputas, ainda que se transformando; o que se faz notório, por exemplo, no elevado número de dias consagrados à ela, quando até mesmo as sessões da assembléia não eram permitidas. Para uma consideração inicial da religião grega na sua relação com as demais esferas de vida social e em sua feição e organização especificamente atenienses: KEARNS, E. , *The heroes of Attica*, London, University of London/Institute of Classical Studies, 1989; MIKALSON, J. D., *Athenian popular religion*, Chapel Hill and London, University of North Carolina Press, 1983; PARKER, Robert, *Athenian religion: a history*, Oxford, Clarendon Press, 1997. Sobre a localização do conjunto das diferentes áreas e edifícios públicos: THOMPSON, Homer A., WYCHERLEY, R. E., op. cit.; TRAVLOS, J., *Athènes au fil du temps*, op. cit.; idem, *Pictorial dictionary of ancient Athens*, op. cit.; WYCHERLEY, R. E., op. cit.

A Acrópole, o principal conjunto de edifícios religiosos da cidade, elevando-se sobre seu maciço rochoso, dava-se à visão para quem se encontrasse na Pnyx pela sua face oeste. Fazia-lhe face, mostrando-se frontalmente. Estava lá, bem visível, impondo-se e afirmando sua distinção pela diferença do plano em que se encontrava; o que era bem marcado por suas altas escarpas e pelas muralhas que a contornavam. Por meio do destaque que lhe dava sua altitude, afirmava-se como elemento do conjunto urbano acima de todos os demais; pela majestosidade de sua arquitetura fazia com que sua existência correspondesse a um âmbito de realidade de valor inestimável. Dizia-se distinta, ainda que ali junto a tudo mais, separada e acima. Era patente a diferença do lugar que era o seu e patente ainda que o estar lá representava uma experiência única que não poderia ser vivida em nenhum outro lugar, também naquele da assembléia que se reunia na Pnyx. Punha, assim, termo aos poderes dos cidadãos em assembléia, pois, de lá bem podendo ver a Acrópole, não podendo mesmo deixar de fazê-lo, tinham, ao mesmo tempo, de aceitá-la como esfera de realidade diferente da sua. Havia ali algo que, mostrando-se na concretude de sua figuração material, afirmava sua distinção.

Por sua vez, o Areópago, lugar onde se reunia a céu aberto o conselho de mesmo nome, também ali estava, à frente da Pnyx, entre ela e a Acrópole. Conselho com que a assembléia disputou prerrogativas, levando sobre ele a melhor no período de Efíaltes, o Areópago nunca se anulou enquanto instância decisória. E lá estava ele, necessariamente sempre lá estava ele, impondo sua existência como uma presença que era outro marco delimitador dos poderes da assembléia e mesmo lembrança de um adversário a que era preciso fazer frente. Como a Acrópole, o Areópago era dado em sua particularidade específica, distinguindo-se da assembléia e limitando-a em seus domínios. Eram lugares determinados, uns junto aos outros, compartilhando uns e outros de uma mesma situação de conjunto, onde a cada um cabia uma parcela limitada de território e de prerrogativas de mando.

Ainda a Ágora dava-se como presença necessária aos cidadãos em assembléia. Nela encontravam-se edifícios que sediavam órgãos de governo à assembléia complementares e com ela também dividindo a administração dos negócios da cidade. Lá estavam o Bouleuterion (sede da Boulé), e o Pritaneion (sede da Pritania). As leis da cidade, sempre referência imperiosa, estavam expostas na Stoa Basileus. Os templos de Apolo, de Meter e de Zeus Agoraios enfileiravam-se em sua face oeste até meados do século; depois, o de Hefaístos ergue-se sobre o Kolonos Agoraios. Na Ágora encontravam-se ainda o Altar dos Doze Deuses (de pequenas dimensões, mas em posição de destaque) situando-se próximo ao canto noroeste da área livre, a Stoa Poikile (lugar de exposição dos troféus das glórias da cidade) a noroeste, um recinto murado de dimensões consideráveis no canto sudoeste (certamente sede de uns dos tribunais da cidade, talvez o maior que não a própria assembléia), também a Stoa Sul, construída mais para finais do século, e a de Zeus na face oeste. Presentes além disso, a casa da moeda, o monumento aos Heróis Epônimos, outros monumentos menores, fontes e altares. Assim, como no caso da Acrópole e do Areópago, quando da Pnyx a assembléia debruçava-se com sua atenção sobre a Ágora, o que via era um conjunto de volumes e áreas de domínio que não o seu, sendo porções da cidade em posse de outras instituições públicas ou domínio dos deuses. Eram espaços onde seu poder não se exercia ou, às vezes, só parcialmente, ou mesmo, onde existia um poder que sobre ela se impunha.[29]

---

[29] Além disso estavam presentes na cidade as sedes e lugares de culto das subdivisões ou associações parciais da população. As filés tinham suas assembléias próprias junto aos templos de seus heróis particulares que, como se estima, localizavam-se na região central da cidade. O Monumento aos Heróis Epônimos na Ágora, celebrando a unidade entre elas, servia de local de referência para seus membros. Das trítias pouco se sabe. Das fratrias, ainda que os locais para seus cultos e assembléias em sua maioria estivessem distribuídos por toda Ática, podemos encontrar sinais significativos de formas de sua presença também na região próxima à Ágora. Os demes, a não ser os internos à própria cidade, tinham uma vida mais local, exterior ao centro urbano, mas não estando também totalmente excluídos de uma forma de presença citadina através das filés que os congregavam, assim como por meio das fratrias de que participavam seus membros; e temos ainda referências de outros locais de reunião de demotas, como é o caso de uma barbearia na rua dos Hermes. Outras associações privadas e informais podem ser identificadas com certos lugares na cidade. Lembremo-nos de Sócrates a inquirir seus interlocutores na Stoa Poikile ou na de Zeus. Todas eram associações inclusas na cidade, todas elas sob a autoridade da assembléia soberana, mas tinham também prerrogativas próprias, institucionais como, por exemplo, as das filés ao apontarem 50

E também os domínios privados davam-se à presença da assembléia[30]. Tal como eram, em todo seu fechamento (voltando-se totalmente para um pátio interno, sem aberturas por onde se pudesse avistar o que se encontrava dentro deles) constituíam-se em esfera de vida restrita. Presentes, mas resguardando-se, afirmavam-se por sua vez como um âmbito exclusivo de atividade e de poderes a seu modo. Impondo-se em sua presença, mostravam-se como partes integrantes da cidade e, ao mesmo tempo, diziam ter sua autonomia em relação ao que lhes fosse exterior, isto no que dizia respeito também à própria assembléia.

Poder primeiro, reunindo as principais prerrogativas de mando político, a assembléia tinha, assim, sua presença limitada pela co-presença de outros poderes, os coletivos como o dela — ainda que não tão totalizantes —, como também os particulares. Cada um desses outros poderes, cada uma dessas outras esferas de domínio, tinha como a própria assembléia uma demarcação territorial. Uns aos outros limitavam e, ao mutuamente se delimitarem, particularizavam-se. Dessa maneira, os cidadãos quando à cavaleira, a partir da Pnyx

---

de seus membros para ocuparem assento na Boulé e que, à sua vez, seriam os prítanes (dentre eles, pois, alguns necessariamente vindo a presidir a assembléia), ou ainda papéis não institucionais, porém não desprezíveis, como os das heterias, associações informais capazes de gestar um pensamento que viria mesmo a opor-se à organização da cidade centrada na Pnyx. Entre as referências em que se têm centrado os estudos sobre as associações inclusivas em Atenas: OSBORNE, Robin, *Demos: the discovery of Classical Attika*, Cambridge, Cambridge University Press, 1985; ROUSSEL, D., *Tribu et Cité: études sur les groupes sociaux dans les cités grecques aux époques arcaïque et classique*, Paris, Les Belles Lettres, 1976 *(Annales Littéraires de l'Université de Besançon, 193)*; TRAILL, John S., *Demos and trittys: epigraphical and topographical studies in the organization of Attica*, Toronto, Athenians Victoria College, 1986; idem, *The political organization of Attica: a study of the demes, trittys, and phylai and their representation in the athenian council*, Princeton/N.J., Princeton University Press, 1975 (Hesperia Supplement 14); WHITEHEAD, D., *The demes of Attica 508/7–ca 250 B.C.: a political and social study*, Princeton, Princeton University Press, 1986. Especialmente para os locais de assembléia e culto das associações: JONES, Nicholas F., *The associations of classical Athens: the response to democracy*, New York/Oxford, Oxford University Press, 1999.

[30] Sobre o conjunto dos domínios privados em Atenas: MALACO, Jonas Tadeu Silva. *Da forma urbana: o casario de Atenas*, op. cit.

assenhoravam-se da cidade com seu olhar, abarcando praticamente na sua completude suas principais instituições, podendo lá exercitar-se na vaidade de suas atribuições e de si mesmos terem uma imagem de poder e encher-se de orgulho, eram obrigados também, no modo mesmo pelo qual se assenhoravam da cidade, a tomar a si próprios quando em assembléia como uma instância de poder particular, uma esfera de atuação restrita, ainda que predominante sobre as demais, cabendo-lhe ocupar uma determinada posição com bem demarcados limites, colocada junto e ao lado de outras que, como ela, desfrutavam de prerrogativas de mando político em complementação, exclusão ou mesmo oposição às suas. Tal composição de poderes, também de espaços, sendo real, era sensivelmente dada, imediatamente dada, aos cidadãos quando em assembléia na Pnyx. Na situação onde tomavam ciência de si como um corpo coletivo total em sua efetiva atividade de dirigir o conjunto dos negócios da cidade, apreendiam através de seus próprios sentidos — pelo seu imediato olhar e ouvir — essa realidade de poderes paralelos, de espaços complementares, opostos às vezes, em acordo ou disputa, onde cada um tinha seu âmbito de atuação definido em oposição ou ajuste com os demais. A visão de conjunto da cidade que da Pnyx tinham os cidadãos era, pois, ao mesmo tempo, a de um assenhorar-se dela como também a de um tomar consciência de si como uma coletividade que, dirigindo com amplos poderes, tinha suas prerrogativas limitadas por aquilo que além dela própria existia.

4. Inversão do sentido do olhar

A cidade agitou-se durante todo o século V em torno da Pnyx sem que, no entanto, o recinto tenha sofrido alterações. Mas depois de longa permanência, transforma-se. Próximo ao final do século, a primeira construção é substituída por uma outra, com a mesma forma básica e também a mesma localização, mudando, no entanto, a orientação — invertendo-se, como se o recinto girasse sobre si mesmo 180 graus. Fazendo assim, a cávea passa a destacar-se do solo natural deixando de estar assentada diretamente sobre ele, sendo preciso construir-se um maciço muro de contenção para dar sustentação ao aterro que servirá de base a seu novo piso. Com a inversão, o auditório volta-se agora para o sul, fazendo face à colina. Há incerteza quanto a algumas configurações particulares, como a forma e localização do recorte que servia de fundo à *bema,* também a inclinação do auditório. A forma geral do recinto e o modo de sua implantação, no entanto, não têm suscitado controvérsia. O mesmo acontece com sua datação nos últimos anos do século, ainda que se procure precisá-la em relação às turbulências políticas então presentes.[31]

Do ponto de vista da história da arquitetura, chama atenção o fato das novas disposições desrespeitarem o modo usual dos gregos construírem seus anfiteatros. Em vez de se fazer uso das condições topográficas naturais para assentamento do piso da cávea, este

---

[31] Sobre a datação e a forma do novo recinto do final do Século V a.C.: Dinsmoor, W. B., op. cit.; FORSÉN, Björn, The sanctuary of Zeus Hypsistos and the assembly place on the Pnyx, *Hesperia 62*, 1993, p. 507-21; GARLAND, Robert, *The Piraeus: from the fifth to the first Century B.C.*, Ithaca/New York, Cornell University Press, 1987, p. 33-5, 47, 183; HANSEN, Mogens Herman, The athenian ecclesia and the assembly-place on the Pnyx, op. cit., p. 25-34; idem, The construction of Pnyx II and the introduction of assembly pay, op. cit.; idem, The organization of the athenian assembly: a reply, op. cit.; KRENZ, P., The Pnyx in 404/3 B.C., *The American Journal of Archaeology 88*, 1984, p. 230-1;

destaca-se do solo, elevando-se com declividade oposta à da colina[32]. Todo um esforço construtivo é necessário para tanto e, dadas as dimensões presentes, assumiu-se um custo considerável, particularmente significativo quando se sabe das dificuldades econômicas da cidade no momento.[33]

Nos termos de considerações que poderíamos dizer econômicas ou utilitárias parece improvável encontrar as razões para as transformações. Não seria simplesmente pelo fato de apresentar dimensões maiores que o novo recinto se justificaria. Na primeira disposição, não havendo outro limite em sua parte superior senão um recorte de pequena altura, o auditório podendo estender-se além, havia mesmo condições de se acomodar um número maior de pessoas[34]. Com a nova orientação para sul, o sol passou a incidir contra os espectadores, dificultando a visualização da *bema*[35]. O muro que dava sustentação ao aterro dificilmente poderia ser também considerado como elemento que protegesse a cávea contra os ventos de nordeste, pois, mesmo que se elevasse

---

KOUROUNIOTES, K., THOMPSON, Homer A., The Pnyx in Athens, op. cit., p. 120-2, fig. 16; idem, Reply to Dinsmoor, op. cit.; MOYSEY, Robert A., The Thirty and the Pnyx, op. cit., p. 31-7; STANTON, G. R., The shape and size of the athenian assembly place in its second phase, in: FORSÉN, Björn, STANTON, Greg, op. cit., p. 7-21, fig. 1-14. Sobre o recorte por detrás da *bema* em especial: FORSÉN, Björn, op. cit., p. 517-50; STANTON, G. R., op. cit.; THOMPSON, Homer A., The Pnyx in models, op. cit., p. 138-9, pl. 18b; TRAVLOS, J., *Pictorial dictionary of ancient Athens*, op. cit., p. 473, fig. 595.

[32] Caso se entenda que o plano da cávea não seria inclinado, da mesma maneira o piso destacar-se-ia do solo natural. Para a consideração do piso da cávea sem inclinação: DINSMOOR, W. B., op. cit.; KOUROUNIOTIS K., THOMPSON, Homer A., Reply to Dinsmoor, op. cit.; CAMP II, John McK., The form of Pnyx III, in FORSÉN, Björn, STANTON, Greg, op. cit., p. 41-6.

[33] KOUROUNIOTES, K., THOMPSON, Homer A., The Pnyx in Athens, op. cit., p. 135; MOYSEY, Robert A., op. cit., p. 33, 35, nota 18.

[34] Cf. nota 4

[35] Talvez, para nós do hemisfério sul, seja bom lembrar que se trata do hemisfério norte, a trajetória do sol, portanto, inclinando-se para sul.

acima de seu plano, constituindo-se em uma espécie de barreira, não seria suficiente para impedir que os ventos, contornando tal obstáculo, continuassem a incidir sobre ela[36].

A passagem de Plutarco em que os oligarcas revolucionários de 404-403 aparecem como os responsáveis pela transformação tem servido como referência para sua datação; mas a justificativa que dá para a inversão de orientação, em termos de se retirar a visão que a partir da *bema* ter-se-ia do mar, por se acreditar que o poder marítimo de Atenas é que lhe teria dado a democracia, não encontra correspondência nas condições de localização e implantação do anfiteatro da Pnyx. Da *bema* do primeiro período, como de qualquer outro lugar do recinto, não se avistava o mar, estando a colina em que se assentava interpondo-se. Não correspondendo às possibilidades materiais dadas e sem que haja também nenhuma outra referência nas fontes escritas, de Plutarco, fica a sugestão de que uma motivação política poderia ter sido a responsável pelas alterações; constituindo-se também, advirta-se, em documento probatório de que tal tipo de motivação, colando-se ou não aos fatos, foi pelo menos uma vez cogitada.[37]

Delimitação e ocultamento

Com sua face voltando-se para a colina e contrariando a declividade natural, o recinto transformado destacava-se do solo. O muro de sustentação em arco, elevando-se até cerca de 11m em sua maior altura, envolvia a cávea em sua parte superior,

---

[36] Sobre o muro de sustentação como proteção contra os ventos de nordeste: KOUROUNIOTES, K., THOMPSON, Homer A., The Pnyx in Athens, op. cit., p. 122 e seg., 136, 155; THOMPSON, Homer A., WYCHERLEY, R. E., op. cit., p. 49-50; TRAVLOS, J., *Pictorial dictionary of ancient Athens*, op. cit., p. 466; WYCHERLEY, R. E., op. cit., p. 61.

[37] PLUTARCO, *Temístocles 19*. Sobre esta passagem de Plutarco: KOUROUNIOTES, K., THOMPSON, Homer A., The Pnyx in Athens, op. cit., p. 135; MOYSEY, Robert A., op. cit., p. 36-7; THOMPSON, Homer A., WYCHERLEY, R. E., op. cit., p. 50, nota 147; WYCHERLEY, R. E., op. cit., p. 61. Para resolver a questão Camp II

aproximando-se em suas extremidades do recorte na colina fazendo agora fundo para a *bema* ao sul. Ficavam pequenos intervalos a leste e oeste, onde durante as sessões colocava-se um tapume móvel. Fechava-se o anfiteatro. O recorte na colina fazendo fundo para a *bema* reforçava o fato de ser totalmente inadequada qualquer posição por detrás do orador e marcava-se bem um limite ali. A cávea em sua parte superior passava a ser inacessível pela elevação do muro de sustentação e fazia-se ainda uso de obstáculos móveis como meios de demarcação. Delimitava-se um espaço por meio de um conjunto de disposições de arquitetura. Acontecia o contrário antes, pois o auditório da primeira Pnyx não tinha em sua região superior a presença de nenhum elemento que se constituísse em obstaculização à presença das pessoas, podendo elas posicionarem-se pela superfície do aclive como um todo. Já havia especialização funcional, mas não a delimitação espacial que só agora surge.[38]

Delimitado, o recinto é posto à parte, separa-se. Passa a haver um interior e um exterior, um dentro e um fora. Quem está dentro participa da assembléia; quem está fora, não. O próprio recinto em sua materialidade estabelece esse controle: define os limites dentro dos quais há participação e para além do que ela não é possível. Constitui-se um espaço restrito e segregado, controla-se a presença e, tratando-se da assembléia soberana, segrega-se a esfera decisória.[39]

(op. cit., p. 45 nota 19) sugere um lugar diferente para a assembléia em sua primeira fase, na face noroeste da colina. Restaria talvez para a passagem de Plutarco esperar por uma alteração no quadro das evidências, ou, talvez ainda, entender-se ὥστ' ἀποβλέπειν πρός como uma mera indicação de direção, sem a consideração da possibilidade de um ver ou contemplar como ação concreta dos sentidos.

[38] Sobre o fechamento do novo recinto: HANSEN, Mogens Herman, The construction of Pnyx II and the introduction of assembly pay, op. cit., p. 143-52 e adendos; idem, Two notes on the Pnyx, in: *The athenian ecclesia II*, op. cit., p. 129-41, esp. p. 129-35; idem, Reflections on the number of citizens accommodated in the assembly place on the Pnyx, in: FORSÉN, Björn, STANTON, Greg, op. cit., p. 23-33, esp. p. 29.

[39] Havia uma demarcação religiosa já desde o período do primeiro recinto. Sacrificavam-se vítimas para se dar início às reuniões e com seu sangue contornava-se o espaço destinado à assembléia, definindo-se assim um dentro e um fora, sem que se consti-

Uma particular disposição na nova Pnyx é significativa. A entrada do recinto da assembléia passa a dar-se por detrás do auditório, através de escadas recortadas no muro de sustentação. Passando as entradas a estarem por detrás da cávea e não como antes à sua frente, dela não se podia mais ver quem entrava; como também, pelo outro lado, quem chegava não podia mais observar quem lá já estivesse. O auditório passou a dar as costas para as entradas. Ainda que delas se pudesse observar os presentes em seu conjunto, isto só era possível pelas costas deles e, assim, não se podia mais identificá-los individualmente. No conjunto não se podia mais discriminar os indivíduos. O controle, pelo contrário, passou a ser facilitado para quem se colocasse na posição oposta, na *bema*. Quem estivesse na frente, na posse da fala, de lá podendo observar o conjunto de todos os presentes e nele discriminar os indivíduos, tinha também o controle das entradas do auditório, tendo condição de apreciar toda chegada ou saída. Só da *bema*, e não mais do auditório, é que se passou a poder ver a totalidade dos cidadãos como um conjunto de indivíduos bem determinados. A imagem real do corpo social atuante não mais se fazia nítida em sua presença a todos os cidadãos quando compareciam à sua reunião na Pnyx. Estavam lá, mas mesmo lá estando junto a todos os demais, não se lhes facilitava que tivessem diante de si o conjunto deles todos. A visão do conjunto como que se turvara. Via-se, sim, uma totalidade de pessoas, mas não mais se distinguindo no todo os indivíduos que o compunham. A cidade como um corpo de pessoas politicamente atuantes deixou de se dar a todos na nitidez de um conjunto com suas partes bem discriminadas, passando a apre-sentar-se como um mero aglomerado indiferenciado.

Disposições arquiteturais definiam e controlavam a presença, e o faziam segundo dimensões determinadas. As dimensões do novo recinto em seu fechamento, por si mesmas, definiam um número

---

tuísse, no entanto, qualquer obstáculo material que só a arquitetura estabelece. Cf. COULANGES, Fustel de, *A cidade antiga*, São Paulo, Martins Fontes, 1995, p. 339-40; GLOTZ, G., op. cit., p. 157-8; HANSEN, Mogens Herman, The construction of the Pnyx II and the introduction of assembly pay, op. cit., p. 145, nota 4.

máximo de participantes. Difícil, no entanto, saber qual seria ele, pois não se pode caracterizar de que modo os cidadãos acomodar-se-iam na Pnyx. Não sabemos o quanto se aproximariam uns dos outros, se se deixariam estar em um agrupamento mais compacto ou em um que lhes daria maior liberdade de movimentos. Poderiam ora se reunir de uma forma, ora de outra. Não sabemos também de disposições tais como a presença ou não de uma área livre à frente, entre a *bema* e o auditório, e dos espaços deixados para a circulação. Mesmo assim, podemos fazer algumas conjecturas. Conforme o esquema de reconstituição de Kourouniotes e Thompson sua área seria de 2.400m^2; conforme esquemas alternativos, de 2.600m^2 ou 3.400m^2. No interior dessas áreas precisamos considerar, pelo menos em condições normais, a necessidade da existência de espaços livres destinados à circulação e também dando condições de boa visibilidade e audibilidade da fala pronunciada a partir da *bema*, devendo haver uma certa distância entre ela e o conjunto dos ouvintes. Hansen constatou que nos teatros gregos antigos essas áreas livres somavam de 30% a 50% da metragem total. Para essas porcentagens, teríamos para os ouvintes de 1.200m^2 a 1680m^2 ou de 1.600m^2 a 2.380m^2, conforme a dimensão menor e a maior das conjecturadas. Tais áreas bem que podem ser consideradas adequadas para abrigar, em diferentes possíveis disposições, cerca de 3.000 pessoas na menor área, ou 6.000 na maior, nestes cálculos, concedendo-se a cada uma 0,4m^2. Não se pode dizer que as dimensões da nova construção tenham sido definidas em função desses números, mas assim poderia ter sido.[40]

---

[40] Para uma apreciação das discussões a respeito do número de cidadãos que o auditório da Pnyx comportaria em seus diferentes períodos: FORSÉN, Björn, The sanctuary of Zeus Hypsistos and the assembly place on the Pnyx, op. cit., p. 517-20; HANSEN, Mogens Herman, The athenian ecclesia and the assembly place on the Pnyx, op. cit., p. 25-8 e adendos; idem, How many athenians attended the Ecclesia?, op. cit., p. 7-20 e adendos; idem, Reflections on the number of citizens accommodated in the assembly place on the Pnyx, in: FORSÉN, Björn, STANTON, Greg, op. cit., p. 23-33; STANTON, G. R., op. cit., esp. p. 17-20; STANTON, G. R., BICKNELL, P. J., op. cit., p. 56-65. A respeito das dimensões da Pnyx II em relação com o recorte na colina fazendo fundo para a *bema*: nota 31.

As disposições e as dimensões do recinto transformado podem encontrar correspondência nas disputas então em curso. A cidade cindira-se, relata Tucídides, e os cidadãos não conheciam mais uns aos outros. Em 411, com o governo dos denominados "Quatrocentos", foi estabelecido nominalmente um novo e restrito corpo de cidadãos, os "Cinco Mil", mas sem que, na verdade, tivesse adquirido existência real. As pessoas, no entanto, ressalta Tucídides, não sabiam que tal corpo de fato não existia e, supondo sua existência, exasperavam-se procurando saber quem dele participaria[41]. A assembléia que se reunira para o estabelecimento do governo oligárquico não fora sediada na Pnyx, mas no santuário de Posseidon em Colonos, cerca de 10 estádios distante da cidade[42]. Os cidadãos só voltaram a reunir-se na Pnyx para o restabelecimento da democracia, ainda que mais restrita do que fora antes, sendo o governo então

---

[41] *"Julgando o número dos conspiradores muito maior do que realmente era, (...) estavam com o ânimo abatido, e devido ao tamanho da cidade e ao fato de muitos habitantes não se conhecerem uns aos outros, não podiam descobrir a verdade. Pelas mesmas razões era impossível a alguma pessoa ofendida desabafar as mágoas e conseguir vingar-se, pois o eventual confidente seria um estranho ou, se conhecido, não mereceria confiança. Todos os membros do partido popular se aproximavam uns dos outros com suspeitas, pois uns ou outros poderiam estar implicados nos acontecimentos; na realidade, havia muitos entre estes cuja adesão à oligarquia nunca se poderia esperar; eram precisamente estes que causavam a maior desconfiança (...) e maiores serviços prestavam aos oligarcas, garantido-lhes a segurança (...)"* (TUCÍDIDES *VIII*, 66, tradução de Mário da Gama Kury, Brasília, Editora Universidade de Brasília, 1982, p. 413) *"A exortação (...) era: 'Quem quiser que os Cinco Mil governem em vez dos Quatrocentos, comece a agir', pois apesar de tudo os adeptos da democracia ainda ocultavam as suas intenções sob o nome dos Cinco Mil, em vez de dizer francamente 'Quem quiser que o povo governe'; com efeito, receavam que os Cinco Mil realmente existissem e que alguém, dirigindo-se a qualquer pessoa, pudesse ver-se numa situação difícil por estar falando com um deles. Esta era a verdadeira razão pela qual os Quatrocentos não queriam transformar os Cinco Mil numa realidade, nem revelar que eles não existiam, pois de um lado pensavam que dar participação a tanta gente no governo levaria pura e simplesmente à democracia, e de outro lado que a incerteza inspiraria temores recíprocos."* (TUCÍDIDES *VIII*, 92, op. cit., p. 427-8)

[42] *"... foram propostas acintosamente a extinção dos poderes de todos os magistrados em exercício, a abolição dos salários para os cargos públicos e a escolha de cinco homens para presidentes; estes escolheriam cem homens, e cada um dos cem*

efetivamente entregue a 5.000 cidadãos[43]. Alguns anos depois, em 404, são os chamados "Trinta" que se apoderam da administração dos negócios políticos e o número de cidadãos é limitado ainda mais, a 3.000. Em seguida, quando com sua deposição se restabelece mais uma vez e com mais permanência o governo democrático, não se deixa de cuidar da lista dos cidadãos, distribuindo-os entre Atenas e Eleusis e impedindo-se o seu livre trânsito.[44]

Quantos quer que na Pnyx tenham passado a se reunir, sua reunião agora ocorria em um recinto fechado, separado. E era mesmo como tal que a nova Pnyx dava-se a conhecer para a cidade: seu imponente muro de sustentação era a face com que se mostrava. Estando, com a inversão, a platéia de costas para a cidade e o muro de sustentação por detrás dela, a face urbana do novo recinto era mesmo como que seu costado. Assim, o fechamento como forma de segregação da presença era também meio de se ocultar a assembléia. Não se podia mais a partir da cidade avaliar a freqüência dos cidadãos e seu ânimo. Mesmo a simples ocorrência das reuniões deixava de ser uma evidência. Deixou-se de ver o que lá acontecia. O testemunho dos que tivessem estado presentes, depois, poderia talvez informar a cidade; porém só este testemunho e não mais o direto testemunhar dos olhos e ouvidos da cidade.

Redirecionamento do olhar

O recinto, além de fechar-se e ocultar-se, sofre uma rotação de 180 graus. A forma de anfiteatro mantém-se e a *bema* continua concentrando em si a atenção, mas por detrás dela não se encontra

---

escolheria três outros em adição a si mesmo; estes quatrocentos se reuniriam no recinto do Conselho e governariam com plenos poderes da maneira que lhes parecesse a melhor, e convocariam os Cinco Mil quando lhes parecesse conveniente." (TUCÍDIDES *VIII*, 67, op. cit., p. 414)

[43] TUCÍDIDES *VIII*, 97.

[44] ARISTÓTELES, *Constituição de Atenas XXVII-XL*; TUCÍDIDES *VIII*, 63-97; XENOFONTE, *Helênicas I-III*.

mais a cidade. O sentido do olhar da platéia volta-se para o lado oposto. Muda-se o sentido do olhar e, ao fazê-lo, dá-se-lhe um objeto diferente; não, como antes, uma cidade fazendo-se acompanhar do emissor de uma fala: a fala e seu emissor passam a ser as únicas presenças. Não há mais perante a assembléia a co-presença da *bema* e da cidade. Exclui-se a cidade, permanecendo a *bema* e, nela, o orador e seu discurso como focos únicos de atenção. A fala continua a ser uma fala sobre a cidade; mas a cidade, o objeto sobre o qual discorre, deixa de se dar junto dela. Separa-se o discurso de seu objeto. A fala não se sustenta mais sobre um pano de fundo onde se pudesse ver seu próprio objeto; abstrai-se dele. A platéia, a assembléia dos cidadãos, passa a ter sua atenção concentrada exclusivamente em um discurso. Concentrada nele, toma a cidade para objeto de sua deliberação, mas só como mera imagem, só discursivamente se fazendo presente. Os cidadãos deixam de ter diante de si a cidade como uma presença sensível. Têm diante de si só a idéia dela numa fala. O *logos* continua "dispondo diante", mas não mais aponta imediatamente para nada além dele próprio; de imediato, não se vê mais através dele; vê-se nele, só nele.

Como antes, a princípio, eram múltiplas as idéias a respeito da cidade que se apresentavam: as idéias de cada qual, no silêncio de uma postura de escuta, e a idéia sonante presente na fala emitida a partir da *bema*. Esta última chamava sobre si a atenção de todos, impondo-se como presença iniludível a cada qual. Sucediam-se os oradores na emissão da fala única. Confrontavam-se, contrapunham-se, comparavam-se, harmonizavam-se e excluíam-se; por fim, cindia-se o particular do geral pela decisão que impunha a todos a opinião vitoriosa. Mas isto tudo agora só em um jogo de meras idéias, de imagens contrapondo-se a imagens, sem que, além delas, mais nada da cidade estivesse dado à presença dos cidadãos. Talvez pudéssemos parodiar Platão e dizer que passaram a estar lá de maneira tal que só lhes era dado permanecer no mesmo lugar e olhar em frente, sendo incapazes de voltar a cabeça, tendo pelo menos dificuldade para isso, pela própria disposição do recinto e também pelo encanto das falas à sua frente. Nessas condições, o que viam de si mesmos e dos outros — da cidade — não eram senão as imagens que os oradores desfilavam perante eles; não mais as próprias coisas, mas só as "sombras" delas, tal como projetadas pelos sucessivos discursos[45]. No dizer de Cléon, os cidadãos prefeririam mesmo ser "espectadores de palavras" e não observadores da verdade[46].

O olhar volta-se para a contemplação, não imediatamente da cidade, mas de meras idéias. No entanto, co-presenças persistem. Está ainda presente a cidade, mesmo que só em idéias. Está também presente uma sucessão de falas. Estas se mesclam com as figuras de seus emissores. Não mostram mais a corporeidade da cidade, mas trazem consigo necessariamente a pessoa corpórea e sensível de quem as pronuncia. Estão, pois, co-presentes: (1) a cidade, ainda que só nas imagens projetadas pelos oradores, (2) o próprio orador em sua corporeidade e (3) a sua fala em sua sonoridade. Havia

---

[45] *República* 514a-518a.

[46] *"... preferis ser espectadores de palavras e ouvintes de fatos, decidindo sobre ações futuras de conformidade com a versão de hábeis oradores interessados em apresentá-las como factíveis, e vendo fatos consumados à luz de críticas brilhantemente formuladas, dando assim mais crédito à versão que ao acontecimento visto com vossos próprios olhos. Gostais não somente de ser enganados por propostas novas, mas também de negar-vos a seguir as já aprovadas, escravos que sois de toda a originalidade e desdenhosos da rotina. Cada um de vós deseja ser sobretudo orador ou, se não for possível, emular os oradores da mesma índole e, para não parecer menos ágil de inteligência, aplaudir uma tirada sutil antes dela sair dos lábios do orador; sois tão rápidos para correr na frente das palavras quanto sois lentos para prever as suas conseqüências. Procurais, por assim dizer, um mundo diferente do nosso, e sois incapazes de vos interessar pela realidade. Numa palavra, fascinados pelo prazer de ouvir, pareceis mais alunos dos sofistas que homens deliberando sobre os interesses da cidade"* (TUCÍDIDES *III*, 38, op. cit., p. 147). As críticas que se fazem a Cléon parecem não poder retirar dele o conhecimento de sua própria arte.

simultaneamente a presença de uma incorporeidade — o conteúdo de uma fala — e a de uma dupla corporeidade — aquela do orador e também aquela da sonoridade de seu discurso. O que se dava à presença da assembléia era assim, em parte, objeto de uma "retórica" — naquilo que se referia aos conteúdos discursivos — e era também objeto de uma "estética" — no que se referia à sonoridade da fala e à corporeidade do orador. A cidade perde sua presença corpórea, passando a ser um mero conteúdo discursivo; não mais, pois, algo que possa ser objeto de uma "estética". Como presenças sensíveis, passíveis de serem objeto de tal ciência, encontrávamos só a fala em sua sonoridade — seu volume, seu ritmo, sua melodia — e o orador em sua corporeidade — sua figura, modos, vestimentas, etc. Cuidava-se da cidade por uma "retórica"; do orador e sua fala, por uma "estética". Os oradores exercitavam-se na "estética" da sonoridade de suas falas. Também se exercitavam na "estética" de sua presença corpórea[47]. Eram artífices de si próprios e de suas falas na sua presença sensível. A cidade, pelo contrário, enquanto mera imagem discursiva na fala deles, limitava-se a ser um artifício criado por eles; artífices, pois, de si mesmos e também dela.

E se a cidade transformou-se para a assembléia em mero objeto de uma "retórica", o mesmo fez a assembléia para a cidade. Voltando suas costas, deixa de mostrar-se. Se eram muitos ou poucos que se reuniam, se exultavam ou encontravam-se abatidos, isso não se podia mais ver a partir da cidade. A vida podia lá transcorrer sem que fosse transtornada diretamente pelas tensões e turbulências da assembléia. A esfera das decisões políticas isola-se, ensimesma-se; o mesmo parece ter feito a da vida privada. Na comédia de Aristófanes, Dikaiopolis,

---

[47] Platão no mito final do "Górgias" alerta para o erro que os trajes e adereços podem causar nos julgamentos: *"... il y en a beaucoup qui, ayant une âme perverse, se la sont revêtue d'un beau corps, d'une illustre origine, de richesses..."* (PLATÃO, *Górgias* 523c, traduction par Léon Robin, *Œuvres Complètes I,* Paris, Gallimard, 1950, p. 484)

vendo os negócios públicos mal conduzidos, caminha progressivamente para a afirmação exclusiva do que só a si mesmo interessa, com o mais completo desinteresse pela sorte dos demais. Afastando-se da esfera política, volta-se para seus próprios negócios e cuida de sua própria e pequena política; por sua conta e no que só a si diz respeito, faz a paz como podia fazer a guerra, estabelece alianças e define seus inimigos. A comédia retrata o separar-se da esfera privada da pública. Na primeira, mostra-se o egoísmo debochado do proveito próprio; na segunda, "empenachados" trazendo à Pnyx uma farsa mal montada, com personagens falsos em suas caracterizações postiças, distantes dos fatos, desgraçando por sua incompetência a si mesmos e também à cidade.[48]

---

[48] ARISTÓFANES, *Os Acarnenses*.

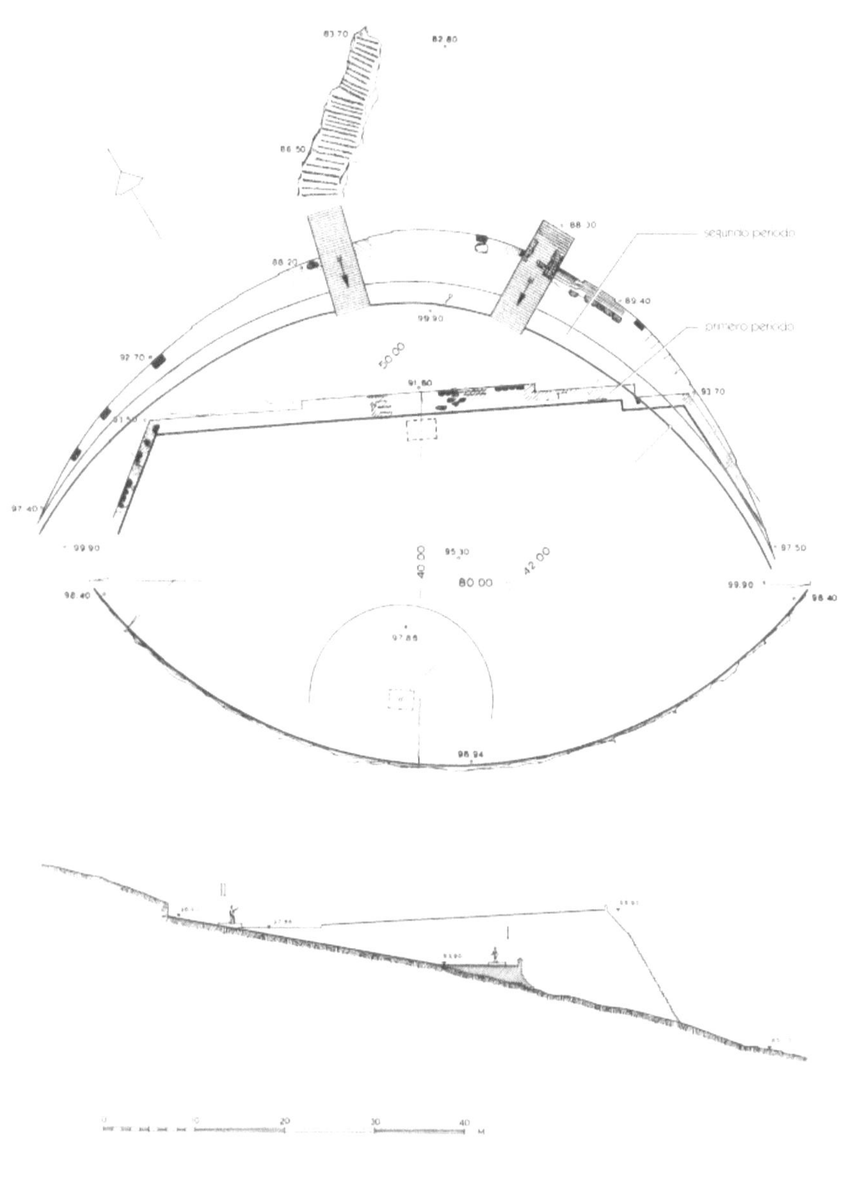

Primeiro e segundo período da Pnyx. Planta e corte reconstituídos.
Montagem a partir de Travlos, John, *Pictorial dictionary of ancient Athens*, op. cit., fig. 592, 593, 595, 596. Para reconstituições alternativas da Pnyx do segundo período, ver nota 31.

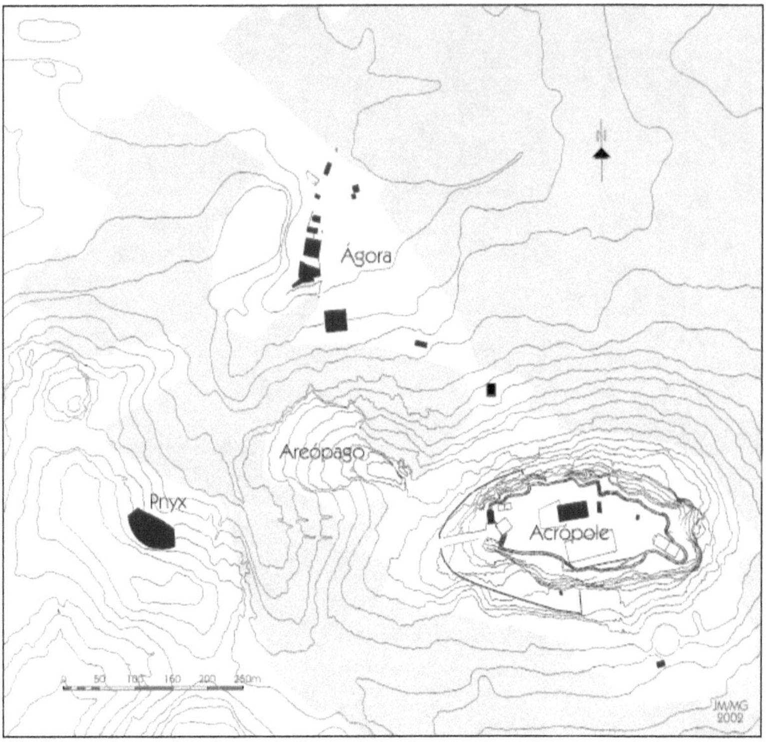

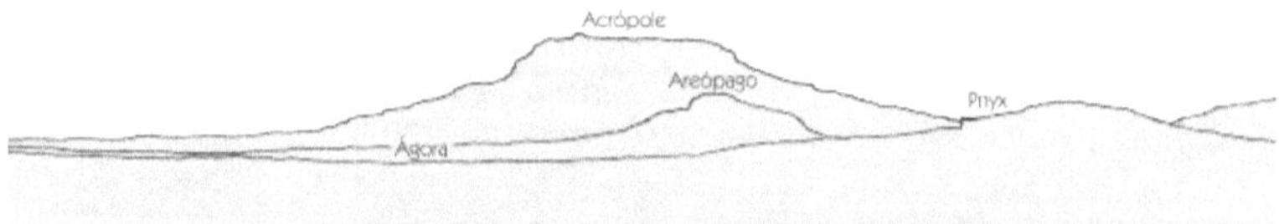

Principais áreas públicas de Atenas no início do século V a.C.
Planta e relevo em cortes NE/SO. Por J. Malaco e M. Gama.
(A área em cinza na planta é indicação da presença das habitações em sua formação mais compacta, sendo seu contorno meramente sugestivo)

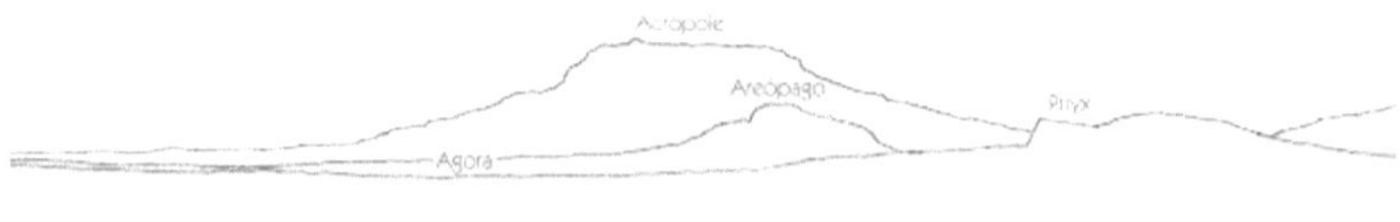

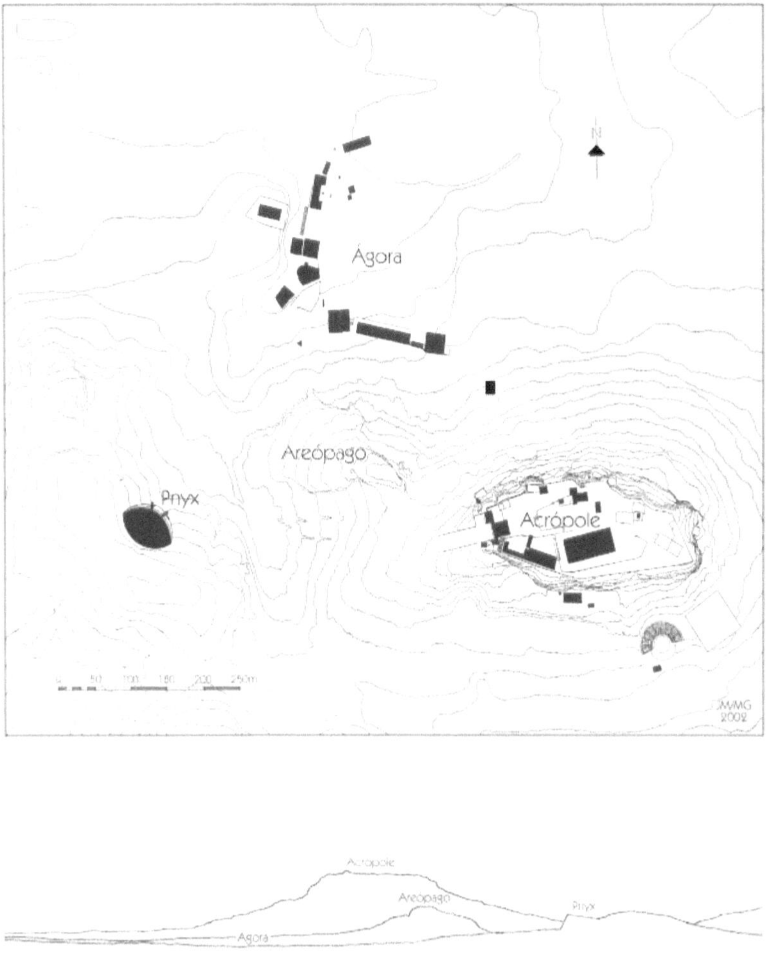

Principais áreas públicas de Atenas no final do século V a.C.
Planta e relevo em cortes NE/SO. Por J. Malaco e M. Gama.